Frank Stenglein

Krupp
Höhen und Tiefen eines Industrieunternehmens

Frank Stenglein

Krupp

Höhen und Tiefen
eines Industrieunternehmens

Econ

Der Econ Verlag ist ein Unternehmen
der Econ & List Verlagsgruppe

ISBN 3-430-18762-1

© 1998 by Econ Verlag München – Düsseldorf GmbH
Alle Rechte vorbehalten. Printed in Germany
Lektorat: H. Dieter Wirtz, Mönchengladbach
Gestaltung und Satz: Roberto Meraner, Düsseldorf
Gesetzt aus der Stone Sans und Stone Serif
Papier: Papierfabrik Schleipen GmbH, Bad Dürkheim
Druck und Bindung: Bercker, Graphischer Betrieb GmbH,
Kevelaer

Einleitung
Seite 6

Im Bekanntenkreis meiner Eltern gab es einen alten Herrn, der ein halbes Jahrhundert bei »der Firma« gearbeitet hatte. Er war sehr stolz darauf. Noch in den sechziger Jahren gehörte es zur Tradition, daß Alfried Krupp von Bohlen und Halbach die Goldjubilare nach der offiziellen Feier auf eine Plauderstunde und ein Glas Cognac in sein Privathaus lud. Als der Großvater des Autors – kein Essener – einmal zu Besuch bei dem Kruppianer war, erzählte der bereitwillig von diesem, wie er fand, wichtigen Ereignis in seinem Leben. Auch der Großvater, der nie mit Krupp zu tun hatte, schien höchst beeindruckt: »Sie waren bei Krupp zu Hause? Respekt!«

Warum diese kleine Episode? Weil sie in wenigen Worten viel aussagt über ein Unternehmen, das sich erst in den letzten dreißig Jahren auf den Weg zur Normalität begeben hat, während es zuvor ein Symbol, eine Legende, ein Mythos war. Die knapp hundertneunzigjährige Firmenhistorie kann nicht der alleinige Grund sein, denn auf eine ähnlich lange Zeitspanne blicken auch einige andere bedeutende Konzerne zurück. Kein anderes Wirtschaftsunternehmen aber ist so eng mit der preußisch-deutschen Geschichte verwoben wie eben Krupp in Essen. Wie unter einem Brennglas haben hier Triumphe und Katastrophen ihren Niederschlag gefunden. Für die Inhaber und Träger des Namens hatte dies zur Folge, daß sie überbordende Bewunderung und ebenso übermäßigen Haß auf sich zogen, daß sie Widersprüche kennenlernten, die in einem Lebensplan für gewöhnlich nicht vorgesehen sind. Der Bogen reicht vom Weltruhm bis zur Gefängniszelle.

Wer sich dem Phänomen Krupp und seiner eigenartigen Bindungskraft nähert, stellt schnell fest, daß mit Betriebsstrukturen und den unbestreitbaren technischen Leistungen alleine nichts erklärt ist. Es klingt banal, aber entscheidend sind die Menschen. Über fünf Generationen, mehr als hundertfünfzig Jahre lang, stand das jeweilige Familienoberhaupt an der Spitze des Unternehmens, das trotz seiner Größe bis 1967 stets im persönlichen Besitz blieb. Man mag heute darüber lächeln, aber die legendäre Loyalität vieler Kruppianer hing nicht zuletzt mit diesen Eigentümern zusammen, zu denen das Würdevolle und ein wenig Entrückte gehörte, die jedoch nie von oben herab auftraten und die vor allem immer selbst zu arbeiten verstanden. Diese unterm

Strich glückliche Mischung begründete eine erstaunliche Popularität. Verbürgt ist, daß selbst jene Kruppianer, die als bekennende Kommunisten galten, Anfang der fünfziger Jahre glaubten, nun werde alles gut, da doch »der Chef« aus dem Gefängnis freigekommen war. Hätte sich etwa Alfried Krupp zu Lebzeiten entschlossen, eine Autobiographie zu schreiben – was, zugegeben, wegen seiner Zurückhaltung ganz undenkbar gewesen wäre –, sie wäre den Buchhändlern aus den Händen gerissen worden.

All dies ist lange her, und es wird, abgesehen von den älteren Rentnern, kaum noch Krupp-Mitarbeiter geben, die sich als etwas Besonderes fühlen. Dazu beigetragen haben Einschnitte, die wirtschaftlich unumgänglich waren, aber eben doch Enttäuschung und Bitterkeit hinterließen. Das Stichwort Rheinhausen mag hier genügen. Jedenfalls scheint das rührend altmodische Wort »Kruppianer« nicht mehr recht in die Zeit zu passen, obwohl das darin enthaltene »Wir-Gefühl« auch heute für jede Firma eigentlich nur nützlich sein kann.

Die bevorstehende Fusion mit Thyssen setzt eine weitere wichtige Zäsur in der Geschichte des Unternehmens. Sie ist ein klares Zeichen dafür, daß sich Krupp den Herausforderungen – die ja abzusehen sind – nicht mehr alleine, sondern im Verbund mit anderen stellen will. Ein guter Zeitpunkt, um ein solches Buch vorzulegen.

DIE ANFÄNGE
1587 – 1851

Eine Händlerfamilie orientiert sich
–
Ein schwieriger Beginn
–
Ein Visionär bereitet den Boden
–
Der geschäftliche Horizont wird heller
–
Den Staat im Blick
–
Vorausschauende Modernität und altväterliche Moral
–
Die Eisenbahn als Initialzündung

Anton Krupp ist eine Händlernatur. Darin ganz ähnlich seinem Vater Arndt, jenem ersten aktenkundig belegten Krupp, der 1587 im Verzeichnis der Essener Kaufmannsgilde auftaucht. Anton allerdings, ein Zeitgenosse des Dreißigjährigen Krieges, erweitert das Sortiment um eine Ware, mit der sich umständehalber gutes Geld verdienen läßt: Gewehre. In Essen und Umgebung ist das nichts Besonderes. Lange bevor die Krupps kamen, war das kleine, ansonsten ziemlich unbedeutende Landstädtchen für seine Büchsenfabrikation bekannt. Unwahrscheinlich daher, daß Antons Mitbürger auch nur den geringsten Anstoß an dem Schießgerät nahmen. Anders sahen das viele spätere Familien- und Firmenhistoriographen, darunter international einflußreiche, die hier bereits skrupellose Geschäftemacherei mit Waffen erkennen wollen. So wurde und wird schon Anton, der 1661 stirbt, Jahrhunderte nach seinem Tod eingespannt für den Mythos Krupp.

Eine Händlerfamilie orientiert sich

Die Grundlage für den Familienreichtum schafft Arndt, der Einwanderer, der aus den Niederlanden stammt. Dank des schwunghaften Handels mit Wein und Gewürzen, Eisen und Vieh kommt er rasch zu beträchtlichem Wohlstand. Während einer Pest-Epidemie verläßt er nicht wie so viele andere Essener Hals über Kopf die Stadt, sondern behält die Nerven, nimmt das Risiko einer Ansteckung in Kauf und erwirbt von einigen Flüchtenden zu niedrigen Krisenpreisen Grundstücke. So gehören die Krupps schon im 17. Jahrhundert zu jener wohlhabenden Schicht von Kaufleuten, die in Essen lange Zeit das Sagen hat. Sie sind kleinstädtische Honoratioren wie aus dem Bilderbuch: politisch behäbig, der Vetternwirtschaft nicht abgeneigt, aber eben auch bürgerstolz, verantwortungsbewußt und ökonomisch hellwach.

Untereinander wird in diesem Kreis gerne geheiratet – mit dem schönen Effekt, daß die Macht beisammenbleibt. Nicht zufällig ist der einflußreiche Posten des »Stadtschreibers«, eine Art Verwaltungschef, einmal hundert Jahre lang ununterbrochen im Besitz der Krupps.

Daß die Händlersippe in die noch junge Eisenindustrie investiert und sich dadurch erstmals ein zweites Standbein verschafft, ist das Verdienst einer tatkräftigen und geschäftstüchtigen Frau: Helene Amalie Krupp, geborene Ascherfeld. Die jung verwitwete Großmutter des späteren Firmengründers Friedrich Krupp stammte selbst aus einer angesehenen und wohlhabenden Essener Kaufmannsfamilie. Nach dem Tod ihres Mannes Jodocus Krupp im Jahre 1757 führte sie sehr erfolgreich die Kruppsche Kolonialwarenhandlung alleine weiter. Die Erträge, die sie unter anderem in umfangreichen Grundbesitz anlegt, sind die Voraussetzung dafür, daß ihr Enkel später finanziell zunächst aus dem vollen schöpfen kann. Im Jahre 1800 erwirbt Helene Amalie Krupp das zweitälteste Eisenwerk des späteren Ruhrgebiets, die Gutehoffnungshütte, gelegen auf heutigem Oberhausener Stadtgebiet. Acht Jahre behält sie das Werk, das schwer gegen die Konkurrenz der benachbarten, in puncto Wasserversorgung günstiger gelegenen St. Antonii Hütte Gottlob Jacobis zu kämpfen hat. Ihren kaum zwanzigjährigen Enkel Friedrich setzt sie zeitweilig als Betriebsleiter ein, was dem die Möglichkeit gibt, erste Erfahrungen auf einem Gebiet zu sammeln, das ihn nicht mehr loslassen wird. Obwohl das Engagement nur eine Episode bleibt, ist doch festzuhalten, daß der Name Krupp schon mit den Anfängen der Ruhrindustrie verwoben ist. Helene Amalie Krupp, diese bemerkenswerte Frau, die 1810 im Alter von achtundsiebzig Jahren stirbt, hat dafür die Grundlagen gelegt.

Friedrich verdient sich auf der Gutehoffnungshütte nicht gerade Meriten, wobei die technischen Probleme und die naturgegebenen Standortnachteile allerdings auch nur schwer in den Griff zu bekommen sind. Hinzu kommt, daß ihm sein etwas sprunghaftes Wesen, seine Schwierigkeiten mit konzentrierter, stetiger Arbeit im Weg stehen. Der Sproß einer Familie, die inzwischen zu den reichsten der Stadt gehört, hat dennoch seine Qualitäten. Er ist der geborene Visionär, er mag tatsächlich gespürt haben, daß das heraufziehende technische Zeitalter große Chancen bietet. Doch Friedrich ist nicht der Mann, diese Chancen dauerhaft in Taten umzusetzen.

Ein schwieriger Beginn

Im November 1811 gründet Friedrich mit dem ererbten Geld seiner verstorbenen Großmutter, »unterstützt« zunächst von leicht windigen Mitgesellschaftern, eine Firma, die die »Verfertigung des Englischen Gußstahls« als Geschäftsziel anstrebt. Ein höchst anspruchsvolles und belastbares Produkt, das durch das Umschmelzen von Schmiedeeisen entsteht und das auf dem europäischen Festland wegen Napoleons Handelssperre schmerzlich vermißt wird. Bis dato beherrschen nur die englischen Stahlkocher diese Kunst, die im wesentlichen auf Erfahrung beruht, sind doch die zugrundeliegenden chemischen und physikalischen Vorgänge noch weitgehend unbekannt. Friedrich Krupp will dieses, wie er meint, »Geheimnis des Gußstahls« herausfinden, wobei »Geheimnis« doch ein wenig romantisch klingt, denn im Prinzip ist das Verfahren ja bekannt. Die Herstellung erfordert jedoch Zeit, Geduld und Scharfsinn nach dem Prinzip »Versuch und Irrtum«.

An der Walkmühle in der sumpfigen Emscherniederung, einige Kilometer nördlich der heutigen Essener Innenstadt, errichtet Friedrich die erforderlichen Gebäude. Der Standort ist keine gute Wahl. Seine kleine Fabrik kann auf den schlechten Wegen nur mühselig erreicht werden, und das Flüßchen Berne, dessen Gefälle die Schmiedehämmer antreiben muß, führt oft nicht ausreichend Wasser. Rasch zeigt sich auch, daß Friedrichs Partner in puncto technischer Fertigkeiten bedeutend mehr versprochen haben, als sie halten können. Die fälligen Trennungen gehen nicht glatt über die Bühne, sondern erst nach zeit- und kostenintensivem juristischen Streit. Dennoch verbucht der junge Unternehmer, seit 1816 wieder glücklicher Alleininhaber, einige Achtungserfolge, die er allerdings mit der Strapazierung des Familienvermögens sehr teuer erkauft. Münzstempel und Werkzeuge sind seine ersten Produkte.

Immerhin: Das preußische Münzamt in Düsseldorf ist meist zufrieden, und Krupp geht auch dazu über, kleine Mengen Gußstahl an auswärtige Kunden zu verkaufen. Seine Versuche, für die Münzprägung Gußstahlwalzen herzustellen, sind allerdings nicht sehr befriedigend. Neun der vierzehn Exemplare gibt die Münze wegen Unbrauchbarkeit zurück. So rechtfertigen die erzielten Gewinne eigentlich keine neuen kostspieligen Pläne. Doch Friedrichs hochfliegendem Naturell ist es nicht möglich zu warten. 1819 beginnt er mit dem Bau einer weit größeren Werkshalle für acht Schmelz- öfen plus Aufseherhaus, diesmal vor dem westlich gelegenen Essener Stadttor an der Chaussee nach Mülheim, wo die Familie seit den Jahren der Pest Grundstücke besitzt. Die Nähe zur Stadt und zur Zeche Sälzer-Neuack, deren Kohlen Krupp bezieht, ist dabei von Vorteil. Die Walkmühle muß Krupp zusätzlich unter- halten, denn am neuen Standort gibt es kein Wasser. Als zwei Jahre später der Bau steht, hat Friedrich nicht nur sein gesamtes Erbe eingesetzt, sondern hohe, zu hohe Schulden angehäuft.

Ein Visionär bereitet den Boden

Die Zeit bis zu seinem frühen Tod 1826 – er wird nur neunund- dreißig Jahre alt – bringt nicht den ersehnten Durchbruch, son- dern Not und Elend. Friedrich gehen die Kräfte aus, auch weil er nicht von der Doppelbelastung als Fabrikant und Inhaber zahlrei- cher städtischer Ämter und Ehrenämter lassen mag. Er erkrankt ernstlich und wird bettlägerig. Sein stattliches Domizil am Essener Flachsmarkt muß er den Gläubigern überlassen, und zuletzt lebt er mit Frau und vier Kindern in dem kleinen Aufsehergebäude neben seiner Stahlschmelze, das später als »Stammhaus« in die Kruppsche Mythensammlung einziehen wird. Es steht, wiederauf- gebaut, noch heute.

Die Keimzelle:
Stammhaus
und Schmelzbau
nach 1819.

13

Friedrich Krupp
(1787 – 1826)
nach einem
zeitgenössischen
Scherenschnitt.
Ein Bildnis des
Firmengründers
ist bis heute
nicht bekannt.

War Friedrich nun der Versager, als der er meist dargestellt wurde, der Illusionär, dessen einziges Verdienst es ist, die kaum überlebensfähige Keimzelle einer Weltfirma geschaffen zu haben? Krupp-Archivleiterin Renate Köhne-Lindenlaub hält dieses Bild für korrekturbedürftig und stützt sich dabei auf eigene Forschungen. Immerhin habe Friedrich »ein Verfahren für die fabrikmäßige Herstellung von qualitativ hochwertigem Gußstahl entwickelt«, auch wenn er es nie geschafft hat, damit nachhaltig Gewinne zu erwirtschaften. »Im metallurgischen Bereich liegt seine Bedeutung.«

Es sind diese Grundlagen, auf denen Friedrichs ältester Sohn Alfred aufbauen kann, als er 1826 mit erst vierzehn Jahren die Leitung der Fabrik übernimmt, die zunächst das Eigentum seiner Mutter Therese bleibt. Obwohl die Krupps im Ansehen weit gesunken sind, stehen die verwandten und verschwägerten Essener Kaufmannsfamilien dem jungen Unternehmer mit Rat und vor allem Geld zur Seite. Mit großem Ernst und zäher Verbissenheit und mit sieben verbliebenen Arbeitern geht Alfred ans Werk. Die Lehre, die er aus den Problemen seines Vaters zieht, ist die, sich realistische Ziele zu setzen – erstaunliche Eigenschaften und Aufgaben für einen Vierzehnjährigen. Gert von Klass, Bewunderer und Chronist der Kruppschen Firmen- und Familiengeschichte, hat recht, wenn er von einem Knaben spricht, »der das Jünglingsalter überspringt«, um gleich in der Welt der Erwachsenen zu landen. Ebenso klar ist jedoch, daß in einer solchen Vita kaum Platz sein kann für Leichtigkeit und Lebensfreude.

Nicht ohne Folgen bleibt auch, daß Alfred das tragische, teils selbstverschuldete Ende des Vaters so hautnah miterlebt. Der Sohn wird zeit seines Lebens gegenüber dem Firmengründer eine gewisse Distanz wahren. Bei allen Unterschieden ist andererseits offensichtlich, daß er das väterliche Vorbild nicht völlig abschütteln kann. Alfred wird ebenfalls dazu neigen, finanziell sehr große Risiken einzugehen und in Krisensituationen manchmal den Kopf in den Sand zu stecken. Im Gegensatz zum Vater hat er ein wenig gewinnendes Wesen, was die Geschäfte nicht erleichtert. Doch sein Durchstehvermögen, seine technischen Fähigkeiten und das berühmte Quentchen Glück lassen die Firma die langen Jahre bis zur endgültigen Konsolidierung überstehen.

Wunder bringt auch Alfred anfangs nicht zuwege. Werkzeuge und – allerdings verbesserte – Münzwalzen bleiben die Produkte, mit denen sich ein wenig Geld verdienen läßt, wenn auch ungeeignetes Eisen und technische Fehler immer wieder zu Rückschlägen führen. Der junge Krupp geht dazu über, die Walzen komplett fertigzustellen, statt sie als Rohlinge an die Kunden zu verkaufen, da nachträgliches, unsachgemäßes Drehen, Polieren und Härten die Ware oft unbrauchbar machte. Das erhöht die Qualität. Es reicht dennoch kaum, um die laufenden Kosten zu decken, geschweige denn nennenswerte Gewinne zu erzielen. Der kleine Kundenkreis und die große Konjunkturabhängigkeit läßt eine Kalkulation nur schwer zu. »Die Aufträge waren nicht zahlreich, dann aber von großem Volumen«, schreibt Köhne-Lindenlaub.

Der geschäftliche Horizont wird heller

Nach dem Fall der innerdeutschen Zollschranken im Jahr 1834 ändert sich die Lage allmählich, wenn auch noch nicht dauerhaft. Alfred und sein Bruder Hermann gehen auf ausgedehnte Reisen, vor allem ins Süddeutsche, und kommen mit Aufträgen heim, die sich immerhin auf das Zwei- bis Dreifache des bisherigen Jahresumsatzes belaufen. Ende des Jahres sind fünfundvierzig Arbeiter im Betrieb beschäftigt – eine durchaus beachtliche Zahl. Und es gesellt sich ein weiterer glücklicher Umstand hinzu: Ein wohlhabender Cousin tritt als Gesellschafter der Firma bei. Das Einstiegskapital verschafft Luft und ermöglicht den Kauf der ersten Dampfmaschine. Sie läßt Krupp endlich von den Launen der Berne unabhängig werden und macht die ungünstig gelegene

»Filiale« an der Walkmühle mit ihrem wasserbetriebenen Schmiedehammer überflüssig.

Die Probleme bleiben, nicht zuletzt deshalb, weil die Konjunktur schwankend ist in jenen Jahren. Alfred, unterstützt von seinem zweiten Bruder Friedrich und einem ersten angestellten Reisenden, fährt nun auch in verschiedene europäische Länder, um Kontakte zu knüpfen, Aufträge hereinzuholen und neue technische Verfahren kennenzulernen. In England, wo man soviel mehr vom Stahl und der in ihm steckenden Möglichkeiten weiß, versucht er, unter falschem Namen den Wissensstand der dortigen Industrie zu ergründen. Er betreibt das, was er zu Hause unter allen Umständen zu verhindern trachtet und mit dem sich zu jener Zeit viele deutsche Ingenieure und Unternehmer behelfen: Werksspionage. Fünfzehn Monate bleibt er Essen fern und läßt die Fabrik unter der Obhut seiner Brüder. Das Reisen weitet zweifellos seinen Horizont, bringt aber zunächst kaum die Spesen ein. Der Zufall will es, daß ungefähr zur selben Zeit ausgerechnet im benachbarten Bochum ein eingewanderter Schwabe namens Jacob Mayer ebenfalls mit gutem Erfolg am Gußstahlproblem herumtüftelt. Beginn eines Konkurrenzkampfes, der oft genug mit harten Mitteln geführt wird und bei dem der wenig geschmeidige Alfred nicht immer eine gute Figur macht.

Ein typisches Krupp-Produkt der frühen Jahre. Dieses Walzwerk für Silberbleche, 1841 geliefert, wurde nach neunzigjähriger Benutzung von der Firma zurückgekauft.

Generell mangelt es Krupp an Wachstumsprodukten und, wenn man so will, am Massengeschäft. Die Gußstahlwaren sind sehr teuer und finden nur wenig Abnehmer. Auch die vierziger Jahre bleiben daher geprägt vom nervenaufreibenden Wechselbad zwischen Erfolg und Krise. Da ist etwa die maßgeblich von Alfreds jüngerem Bruder Hermann konstruierte Löffelwalze, die ein früher Exportschlager wird, und da muß andererseits immer wieder Lehrgeld gezahlt werden. Besonders verhängnisvoll entwickelt sich ein großes Geschäft mit der Wiener Münze, das Alfred mit kurzen Unterbrechungen insgesamt drei Jahre in der österreichischen Hauptstadt festhält. Krupp hatte sich in puncto Walzgenauigkeit auf Bedingungen eingelassen, die beim damaligen Stand der Technik einfach nicht zu erfüllen waren. Als dies schließlich herauskommt, bleibt er auf erheblichen finanziellen Ansprüchen sitzen. Die Neigung der Wiener Behörden, den Mann aus dem preußischen Essen in ein ihm ungewohntes Intrigengeflecht zu verwickeln, erschwert die Lage zusätzlich. Erst dank der entschiedenen Fürsprache des Präsidenten der Königlich-Preußischen Hofkammer im Berg- und Münzwesen erhält Alfred wenigstens einen Teil des ihm zustehenden Geldes, das so gerade reicht, um die wirtschaftlich schwierige Lage zu überstehen. In Wien, so klagt er später, hätte er buchstäblich graue Haare bekommen. Tatsächlich hing das Weiterbestehen der Fabrik an einem seidenen Faden. Und doch festigt das schließlich zufriedenstellend arbeitende Walzwerk seinen Ruf als guter Fabrikant und bereitet den Boden für weitere Geschäfte.

Den Staat im Blick

Müßte die Gußstahlproduktion im großen Stil nicht im Interesse des Staates liegen? Alfred Krupp meint ja und geht – wie übrigens schon sein Vater – die preußischen Behörden und den König um finanzielle Hilfe an. Ungewöhnlich ist dieses Anliegen keineswegs, denn manch anderer Betrieb erfreut sich nennenswerter Unterstützung durch die preußische Gewerbeförderung. Krupps Vorstöße laufen allerdings ins Leere – mit Argumenten, die in der heutigen Zeit auf folgenden Hinweis hinausliefen: Subventionen der öffentlichen Hand bringen die Wirtschaft letztlich nicht voran. Alfred ist jedoch schon damals der Überzeugung, daß ein prosperierendes Unternehmen dem großen Ganzen mehr nützt als ein trotz guter Geschäftsidee dahindümpelndes. Eine Episode, die sehr früh zwei Besonderheiten zeigt. Erstens: Bei Krupp war – strenggenommen bis vor kurzem – nie die reine Marktwirtschaft das Maß aller Dinge; die damit verbundene Gemeinwohl-Philosophie wird einen Teil der Firmenlegende begründen, das Unternehmen aber auch gelegentlich in schwieriges Fahrwasser führen. Zweitens: Die Nähe zum Staat, die später gute Aufträge bringt, ist sehr früh angelegt. Daß diese über Jahrzehnte sorgfältig gepflegte Nähe einmal so verhängnisvolle Konsequenzen haben würde, das hätte sich Alfred Krupp jedoch nicht vorstellen können.

Ein Mißverständnis wäre es nun allerdings, das Staatliche mit dem Politischen zu verwechseln, wie es heute so oft geschieht. Im preußischen Königreich sind das zwei ganz verschiedene Ebenen. »Wir haben keine Zeit für Politik, Lectüre und dergleichen«, befindet schon der junge Alfred. In diesem Punkt ist er der frühe Repräsentant einer Zeit, die das Militärisch-Monarchische und später auch das Technisch-Ökonomische verherrlichen, die Welt der politischen Auseinandersetzung hingegen ablehnen, ja verachten wird. Bezeichnend in diesem Zusammenhang, daß mit Alfred das Ende jener jahrhundertealten Kruppschen Tradition gekommen ist, sich neben den Geschäften auch den städtischen Angelegenheiten haupt- und ehrenamtlich zu widmen.

Deutlich wird dieses betont Unpolitische bei der gescheiterten Revolution von 1848, als auch in Essen eine allerdings sehr gemäßigte Unruhe herrscht. Alfred interessiert es überhaupt nicht, daß – marxistisch gesprochen – seine Klasse, die Großbürger und Unternehmer, an die Tore der Macht klopft. Er schärft vielmehr den Arbeitern ein, »Aufsässigkeit« habe die sofortige Entlassung zur Folge, und er scheut sich nicht, dies wahr zu machen. Daß es einen alten, verdienten Schmied trifft, den er schließlich hinauswirft, ist ihm ganz gleichgültig. Ein unschöner Zug in seinem Wesen, der schon voll ausgeprägt ist. Er allein weiß, was richtig ist, Punktum!

Das ökonomische Krisenjahr 1847/48 zeigt aber auch, daß Krupp eben nichts mit jenem finsteren Prototyp des Kapitalisten gemein hat, der es sich auf Kosten anderer gutgehen läßt. Sein ganzer Stolz ist die Gewißheit, selbst am härtesten zu schuften. Und obwohl er eine Reihe von Arbeitern mangels Aufträgen entläßt, behält Alfred doch mehr, als er eigentlich braucht. Um die Löhne bezahlen zu können, läßt er kurzerhand das letzte Familiensilber einschmelzen.

Das ist der Wendepunkt. Sofort danach bringt ein Auftrag aus Rußland, Maschinen für eine ganze Löffelfabrik zu liefern, die Rettung aus der existenzgefährdenden Geldnot.

Noch im selben Jahr wird Alfred Krupp durch Kaufvertrag mit seiner Mutter alleiniger Eigentümer des inzwischen recht respektablen Werkes, wobei ihm sein Freund Fritz Sölling als stiller Teilhaber zur Seite steht. Seine Brüder Hermann und Friedrich, die in kaufmännischer und vor allem technischer Hinsicht ebenfalls ihre Talente haben, scheiden aus dem Betrieb aus, während Schwester Ida dem ältesten Bruder den Haushalt führt. Man kann nicht behaupten, daß es bei der Teilung des Erbes übermäßig gerecht zugegangen wäre. Alfred versteht eben auch hier, seinen Willen durchzusetzen. Hermann übernimmt die Teilhaberschaft einer Besteckfabrik in Berndorf bei Wien, an deren Gründung Alfred beteiligt war. Ein Unternehmen, das nach einigen Anfangsschwierigkeiten floriert, allerdings immer im mittelständischen Rahmen bleibt und 1938 nach dem »Anschluß« Österreichs für kurze Zeit zum groß gewordenen Krupp-Konzern zurückkehren wird. Friedrich zieht sich als Privatier nach Bonn zurück und erhält eine lebenslange Rente zugesprochen.

Alfred Krupp (1812 – 1887) wohl mit Mitte Dreißig. Das älteste bekannte Bild.

Vorausschauende Modernität und altväterliche Moral

Die Trennung erscheint folgerichtig, denn für »Teamwork« wäre Alfred auf Dauer zweifellos nicht der richtige Mann gewesen. Im alltäglichen Umgang ist er schwierig. Seine Neigung zu Mißtrauen und Heimlichkeit, seine skurrilen Marotten und hypochondrischen Anwandlungen sind Legende geworden und sind später sogar Ansatzpunkte, ihn und seine Nachkommen postum auf die psychoanalytische Couch zu legen. Von ihm selbst niedergeschrieben sind etwa die geradezu quälenden Gedanken um seinen Werkschutzmann. Alfred traut auch diesem Mitarbeiter nie so recht über den Weg: »Ich denke, man müßte wohl einen zweiten haben, der den ersten kontrollierte, und einen dritten, der auf den zweiten aufpaßt.« Wer will, kann mit gutem Grund in solchen Zitaten Krankhaftes entdecken, aber dies ist letztlich nur die Kehrseite eines Menschen mit genialen Zügen, der nicht nur »ein echtes Kind des industriellen Zeitalters« ist, wie es Gert von Klass ausdrückt. Es scheint vielmehr, als wäre er seiner Zeit voraus gewesen. Das nicht einmal, weil er persönlich ein so großartiger Erfinder ist (da gibt es bessere), sondern weil er für Anstöße sorgt, den Rahmen und das spezielle Klima schafft, in dem die künftigen Erfolge möglich sind. Eine Unternehmensphilosophie, deren Merkmal jene seltsam anmutende Mischung aus vorausschauender Modernität und altväterlicher Moral ist.

Bei all seinen unangenehmen Eigenschaften hat es Alfred Krupp schon sehr früh verstanden, den Arbeitern die Begeisterung für eine Idee und die Freude am Erfolg zu vermitteln. Um es modern zu sagen: Er motiviert. Alle Unternehmen in der frühen Industrialisierungsphase stehen vor dem Problem, die Arbeiter an geregelte Zeiten und genau aufeinander abgestimmte Arbeitsgänge zu gewöhnen. Für Krupp mit seiner anspruchsvollen und aufwendigen Tiegelstahlproduktion gilt dies besonders. Ein Höchstmaß an Disziplin ist unerläßlich, und das erzwingt Alfred mit drakonischen Reglements. Das erste stammt schon aus den Jahren 1837/38. Nicht selten sind diese Ansammlungen von Vorschriften und Strafandrohungen später kritisiert worden. Die Frage ist allerdings: Konnte ein für damalige Verhältnisse schon sehr großer Betrieb anders überhaupt arbeiten? Wie Else Beitz in ihrem Buch über Industriepädagogik bei Krupp darlegt, gab es noch keine handwerklich und mental »reife« Industriearbeiterschaft. Krupp muß seine Leute, die meist aus der Landwirtschaft, zum Teil auch aus dem Handwerk kommen, erst ausbilden. Und er macht dies in jenem patriarchalischen Geist der Zeit, dem er allerdings einen neuen Akzent hinzuzufügen versteht.

Dieser neue Akzent, nämlich die soziale, fürsorgliche Ausrichtung des Unternehmens, ist begreiflicherweise von der Firma Krupp und ihren Bewunderern stets hervorgehoben worden. Es ist in der Tat auch bemerkenswert, wie früh Alfred Krupp erkennt, daß die »Peitsche« der strikten Fabrikdisziplin und das »Zuckerbrot« der sozialen Sicherheit zusammengehören, wenn das Arbeitsergebnis stimmen soll. »Sie sollen einen außergewöhnlich guten Lohn im Vergleich gegen andere Arbeiter an demselben Orte verdienen, sie sollen an die Fabrik gekettet sein durch Neigung und Interesse«, schreibt er schon 1844 in einem Brief. Hier spricht nicht nur der Taktiker, wie immer wieder behauptet wurde, denn Alfred Krupp hat der erfolgreichen Arbeit immer einen tiefen sittlichen Wert beigemessen.

Bertha Krupp, geborene Eichhoff (1831 – 1888). Das Gemälde soll um die Zeit ihrer Heirat (1853) entstanden sein.

Der Gedanke, daß Arbeit nur den materiellen Lebensstandard sichert und ansonsten möglichst zu vermeiden ist, wäre ihm zutiefst fremd gewesen. Ein Denken, das sich auf die Arbeiter überträgt. Bei Krupp läßt sich der Übergang vom Handlanger zum stolzen, qualifizierten Fabrikarbeiter, den seine Fähigkeiten mit beträchtlichem Selbstwertgefühl ausstatten, besonders gut besichtigen. Andererseits hat es nicht an Versuchen gemangelt, diesen Kruppschen Geist einer solidarischen, verschworenen Fabrikgemeinschaft für die deutschen Katastrophen des 20. Jahrhunderts mitverantwortlich zu machen.

Die Eisenbahn als Initialzündung

Alfred wären solche Vorwürfe, hätte er denn je von ihnen erfahren, absurd erschienen. Produzieren und – modern gesprochen – Arbeitsplätze schaffen, das ist seine Moral, sein Lebenssinn. Und damit kann er nun bald im größeren Stil beginnen. Nachdem sich der Pulverdampf der gescheiterten 48er Revolution verflüchtigt hat, erlebt die Wirtschaft Europas einen enormen Aufschwung. Als Initialzündung wirkt die Eisenbahn. Krupp wiederum ist es, der für die Probleme der Eisenbahngesellschaften innovative Lösungen anzubieten hat: zunächst Federn und Achsen aus Gußstahl, die nicht mehr brechen und damit die Unfallhäufigkeit senken. 1849 erhält die Firma einen ersten Großauftrag der Köln-Mindener Eisenbahn, deren Gleise einige Kilometer nördlich der Fabrik vorbeiführen. Fast dreitausend Federn und mehr als dreihundert Achsen sind zu liefern. Ein Geschäft, für dessen Erfüllung Alfred zunächst die Fabrik mit geliehenem Geld erweitern muß.

Zum Entsetzen seines Teilhabers Sölling nimmt er ohne großes Zögern beträchtliche Kredite auf – voll Vertrauen darauf, daß sich die Investitionen rechnen werden. Geld ist für den Vollblutunternehmer nur Mittel zum Zweck, zeit seines Lebens wird ihm die vorsichtig wägende Art der Bankmenschen suspekt bleiben. »Geld verloren – wenig verloren, Ehre verloren – viel verloren, Mut verloren – alles verloren« – einer der vielen Sinnsprüche aus Alfreds eigener Feder. Zwar ist diese Erkenntnis in Anlehnung an Goethe formuliert, doch prägnanter läßt sich das ausgesprochen lässige Verhältnis des Firmenchefs zum Pekuniären, diese »souveräne Verachtung des Geldes« (Gert von Klass), wohl nicht beschreiben. Noch als das Unternehmen längst etabliert ist, eilen die mutigen und oft visionären Pläne Alfreds dem verfügbaren Betriebskapital weit voraus. Den naheliegenden, schon von Sölling ins Gespräch gebrachten Ausweg, nämlich Krupp in eine Aktiengesellschaft umzuwandeln, lehnt der Firmenchef brüsk ab. Er will ohne Wenn und Aber Herr im Haus bleiben, will klare Verantwortlichkeiten, scheut die Anonymität, die eine Kapitalgesellschaft zwangsläufig mit sich bringt.

In seinen Wachstumserwartungen sollte Krupp sich nicht täuschen: 1850 gibt es schon 5800 Kilometer Schienen in Deutschland, nahezu täglich werden es mehr. Und das Geschäft mit der Eisenbahn, das ja ein weltweites ist, hat gerade erst begonnen.

Die Lehr- und Wanderjahre gehen zu Ende, die Firma hat Tritt gefaßt. Mit dem Gespür für das, was einmal Öffentlichkeitsarbeit heißt, wird Alfred Krupp später die Pionierzeit verklären und den Mythos Krupp begründen. Etwa mit einem zentralen Satz wie diesem, der auch ein schönes Beispiel für seine Sprachmächtigkeit ist: »Aus dem kleinen Keim der Fabrik, wo Rohmaterial en detail gekauft wurde, wo ich Prokurist, Korrespondent, Kassierer, Schmied, Schmelzer, Koksklopfer, Nachtwächter beim Zementofen und sonst noch viel dergleichen war, wo ein Gaul sämtliche Transporte gemütlich besorgte, wo zehn Jahre später das Wasser zur ersten errichteten Dampfmaschine in Ringeln aus dem Teich getragen wurde in den leergepumpten Brunnen, weil eine Röhrenanlage zu teuer war, ist das jetzige Werk hervorgegangen.«

DURCHBRUCH UND AUFSTIEG
1851 – 1875

Schon um 1836 hat Alfred Krupp begonnen, sich mit dem Problem zu beschäftigen, wie man Gewehrläufe aus Gußstahl herstellen könnte. Es bedarf dazu keiner besonders kriegslüsternen oder menschenverachtenden Gesinnung. Das technische Zeitalter ist noch jung und ganz unbefangen, und die Frage, ob ein Produkt »moralisch vertretbar« ist oder nicht, stellt sich weder Alfred noch anderen seines Schlages.

Das »Gartenhaus«, Wohnsitz der Familie von 1861 bis 1864. Dahinter das Gebäude des Dampfhammers »Fritz«.

Als es nach Jahren gelingt, ein brauchbares Rohr zu schmieden, macht Alfred eine Erfahrung, die ihn noch lange begleiten wird: Das Interesse ist gering. Das ändert sich auch nicht, als er 1847 die erste Kanone mit einem gußstählernen Innenrohr, der sogenannten Seele, ins preußische Kriegsministerium nach Berlin schickt. Zwei Jahre lang verstaubt das Stück auf einem Speicher in Spandau, bevor es schließlich auf dem Tegeler Schießplatz ausprobiert wird. Die Ergebnisse sind vielversprechend, doch der damalige Militärapparat ist eben nicht nur politisch konservativ, sondern auch auf technischem Gebiet. Die Herren schwören nun mal auf die weichere Bronze und das sprödere Gußeisen. Motto: Das haben wir doch immer so gehalten. Erschwerend hinzu kommt der höhere Preis für Krupps Geschütz, der im sparsamen Preußen abschrecken muß.

Verbissenheit versus Resignation

Konkurrenten wie den technisch mindestens genauso innovativen Jacob Mayer, den Gründer des späteren Bochumer Vereins
für Gußstahlfabrikation, scheinen solche Widerstände so sehr
abgeschreckt zu haben, daß sie schließlich das Experimentieren
mit dem Geschützbau nur noch mit halber Kraft betreiben, gar
ganz drangeben. Nicht so Alfred Krupp, der zumindest ahnt, daß
der neue Werkstoff die Waffentechnik auf Dauer revolutionieren
muß. Mit der ihm eigenen zähen Verbissenheit arbeitet er weiter.
Schließlich präsentiert er auf der Weltausstellung 1851 in London
eine neue, unter einem Baldachin hübsch drapierte und bereits
deutlich größere Gußstahlkanone, die am Krupp-Stand für enormen Andrang sorgt. Die Zeiten sind ganz arglos, einen Kriegs-
hetzer schimpft man Herrn Krupp nicht. Noch mehr Aufsehen
erregt ein mehr als zwei Tonnen schwerer Gußstahlblock, der die
höchste Auszeichnung der Ausstellung erhält: die »Council
Medal«. Es bedurfte für dieses Stück der präzisen Zusammenarbeit
vieler hundert Arbeiter, die den geschmolzenen Stahl zusammen
mit einer Reihe genau bemessener Zutaten zunächst in kleinen,
luftdicht verschlossenen tönernen Tiegeln bei hohen Temperatu-
ren umschmelzen mußten. Dann galt es, die Tiegel mit dem 2000
Grad heißen Stahl mit Handwerkzeugen aus den Schmelzöfen zu
heben und in möglichst ununterbrochener Folge in die Form zu
gießen. Jede Störung, jede Verzögerung bei dieser anstrengenden,
unfallträchtigen Arbeit kann das gesamte Produkt verderben. Je
größer die Blöcke geplant sind – und sie werden noch um ein Vielfaches größer –, desto mehr Arbeiter müssen wie ein Uhrwerk
zusammenwirken. Die Techniker unter den Messebesuchern
wissen, welche Leistung ein solches Stück Stahl darstellt, und sie
sparen daher nicht mit Bewunderung.

Gute Geschäfte sind mit all dem vorerst nicht zu machen. Die
vielleicht naheliegende Vermutung, Generäle und Waffenämter
aller Länder hätten sich um die neue Kanone gerissen, geht fehl.
Man ist in Frankreich oder England in technischer Hinsicht eben
keinen Deut weniger konservativ als in Preußen. So bleibt der
europäischen Welt, deren Staaten, in Allianzen aufgeteilt, sich
gegenseitig belauern, die neue Artillerie noch eine Weile erspart.

Dennoch kann Krupp zufrieden sein. Die Londoner Industrie-messe macht den Namen der Firma aus dem noch immer ziemlich unbedeutenden Preußen erstmals einem breiten, internationalen Publikum bekannt. Und Krupp wird die Weltausstellungen, dieses wunderbare Instrument der werbewirksamen »Public Relations«, weiterhin und viel konsequenter als andere zu nutzen verstehen. So etwa einige Jahre später in Paris, als ein noch weit größerer Gußstahlblock – man möchte sagen, wie bestellt – durch den hölzernen Hallenboden bricht. Krupp ist natürlich daraufhin Gesprächsthema. »Das eindrucksvolle Bild einer zerstörerischen Gewalt« habe dieser Zwischenfall in der Öffentlichkeit erzeugt, schreibt der amerikanische Journalist Norbert Mühlen. Der Krupp-Legende ist ein solches Ereignis jedenfalls förderlich.

Ausstellungs-stand der Gußstahlfabrik auf der 1876 stattfindenden Weltausstellung in Philadelphia.

Eine Lizenz zum Gelddrucken

Geld verdienen muß die Firma
vorerst mit den ganz und gar
friedlichen Produkten des Ei-
senbahn-Bedarfs. Vom Sieges-
zug des neuen Transportmittels
war schon die Rede – allerdings
kämpft die Eisenbahn noch mit
den Tücken der Technik. So
kommt es immer wieder zu
schweren Unfällen, weil auf der
Fahrt die nur zusammenge-
schweißten Radkränze bre-
chen. Um 1850 beginnt Alfred

Die Basis des
Erfolgs, der
nahtlose Eisen-
bahnradreifen,
hier für eine
Dampf-
lokomotive.
Bis 1912
wurden davon
2,7 Millionen
Stück hergestellt.

Krupp mit Experimenten, die – sollten sie zum Erfolg führen –
dieses Problem ein für allemal lösen würden. Nach Plänen, die er
selbst zeichnet, gelingt schließlich die wahrhaft bahnbrechende
Erfindung des nahtlos geschmiedeten und anschließend gewalzten Gußstahlradreifens. Das Königliche Patentamt nimmt das Verfahren 1853 an und schützt es damit zunächst für acht Jahre weltweit vor Nachahmern – eine Lizenz zum Gelddrucken.

Geklagt wird allerdings über den verhältnismäßig hohen Preis,
den Krupp seiner Monopolstellung wegen verlangt und meist
auch erhält. Bald nämlich kann es sich keine wichtige Eisenbahn-
gesellschaft mehr leisten, auf die Kruppschen Räder zu verzichten,
würde dies doch bedeuten, die Fahrgäste größerer Gefahr als nötig
auszusetzen. Gegen den Widerstand des liberalen und eher am
Freihandel interessierten preußischen Handelsministers August
von der Heydt gelingt es Alfred 1860, König Wilhelm für eine
siebenjährige Verlängerung des Patents zu gewinnen. Es sollte
nicht der letzte Konflikt dieser Art bleiben. Der Ruf, der dem
Unternehmen beim Eisenbahnmaterial zuwächst, bleibt aber auch
nach dem endgültigen Auslaufen des »Bandagen-Monopols«
erhalten. »Für Ihre Sicherheit werden auf dem ganzen Bahnnetz
der Canadian Pacific Railroad ausschließlich Radkränze aus
Kruppschem Gußstahl verwendet«, wirbt später beispielsweise
die kanadische Eisenbahn. Die Gleichsetzung von Firma und

Qualitätsprodukt ist geschafft. Alfred Krupp selbst sieht die naht-
losen Eisenbahnradreifen als seine wichtigste Erfindung an.
Folgerichtig werden sie in Form dreier aufeinandergelegter Ringe
1875 zum Firmen- und Markenzei-
chen bestimmt. Das Design, das
noch nicht so heißt, ist so gut und
zeitlos, daß es alle Moden überlebte
und bis heute für die Firma steht.
Manchem Krupp-Gegner erschien
der Ursprung des Ring-Symbols
allerdings entschieden zu harmlos.
Treffender, so meinten sie, wäre es,
von den Mündungen dreier Kanonen zu sprechen.

Beim Versuch, ins Rüstungsgeschäft einzusteigen, beißt Krupp
indes weiter auf Granit – und das, obwohl die Gußstahlrohre bei
den meisten Schießversuchen einen ausgezeichneten Eindruck
hinterlassen. Alfred antichambriert, reicht Eingaben ein, versucht
Kontakte zu knüpfen in die Ministerien. Er tut eben das, was jeder
gute Unternehmer tun sollte, der von seinen Produkten überzeugt
ist. Doch das Beharrungsvermögen der preußischen Militärs ist
selbst für Alfreds Willenskraft um einiges zu groß. »Diese Armee
war ein versteinertes Ungetüm, der letzte Hort aristokratischer
Tugenden in einer sich schnell wandelnden Welt«, schreibt der
Militärhistoriker Michael Geyer. Dazu gehört auch, daß staatliche
Heereswerkstätten absoluten Vorrang vor den skeptisch beäugten
Privatunternehmern genießen. 1859 zwingt dann der Krupp gar
nicht sehr wohlgesinnte Kriegsminister Albrecht Roon sowohl
technisch als auch organisatorisch Bewegung in die Armee und
sorgt so für das Aufweichen verkrusteter Strukturen. Trotz der
persönlichen Antipathien ist es kein Zufall, daß Krupp genau in
diesem Jahr den entscheidenden – mancher wird sagen: verhäng-
nisvollen – Auftrag erhält: Auf persönliche Intervention des Prinz-
regenten und späteren Königs Wilhelm I. bestellt Preußen in Essen
dreihundert vorgearbeitete Rohrblöcke für Geschützrohre. Den
endgültigen Durchbruch in der Rüstungssparte bringt einige Jahre
später ein russischer Großauftrag, der sehr nutzbringende artille-
ristische Experimente und den Bau eines ersten Schießplatzes
neben der Fabrik möglich macht.

Hämmer spielen die erste Geige

Hinfällig sind damit Alfreds Überlegungen, die verlustträchtige Kanonen-Sparte einfach zu schließen. »Dieselbe ist an und für sich nicht besonders lohnend und in der Weise, wie ich sie bisher betrieben, indem ich auf Lieferung einiger Probestücke beschränkt blieb, gar unvorteilhaft und störend«, schreibt er noch 1859 an seinen Pariser Vertreter. Gedanken, die um so weniger verwundern, da die Fabrik auch ohne Waffenbau floriert. 1857 stehen erstmals mehr als tausend Arbeiter auf der Lohnliste, und die wenigsten beschäftigen sich mit der Konstruktion von Geschützen. Ganze 2,5 Prozent vom Gesamtumsatz entfallen in diesem Jahr auf Kriegsmaterial. Bis dato hatte Krupp überhaupt erst eine nennenswerte Bestellung ins Haus bekommen – kurioserweise aus Ägypten, das 1856 exakt sechsunddreißig Kanonen ordert.

Mehr nebenbei macht Alfred Krupp im Alter von einundvierzig Jahren eine neue Entdeckung: »Wo ich glaubte, ein Stück Gußstahl sitzen zu haben, ist ein Herz.« Seine Auserwählte heißt Bertha Eichhoff, ist zwanzig Jahre jung und stammt aus Köln. Zwischen dem Kennenlernen und der Heirat im Mai 1853 vergeht gerade ein Monat. Auch in Herzensdingen, so scheint es, will der ewig Rastlose keine Zeit verlieren. Auf die kurze Aufwallung folgt dann allerdings ein unglücklicher Ehealltag, denn die Liebe zum Gußstahl erweist sich bei Alfred erwartungsgemäß doch als bedeutend stärker. Bezeichnend jene Episode, die immer wieder gerne erzählt wird: Die Bitte seiner Frau, doch einmal gemeinsam ein Konzert zu besuchen, soll Alfred abgelehnt haben mit den Worten: »Ich habe dafür zu sorgen, daß meine Schornsteine unter Dampf bleiben. Wenn morgen meine Hämmer wieder gehen, habe ich mehr Musik, als wenn alle Geigen der Welt spielen.«

Um 1869: Alfred und Bertha Krupp mit Sohn Friedrich Alfred, geboren 1854.

31

Das sind Sätze, die zu ihm passen. Der ewige Rauch aus den Schloten und das Dröhnen der Schmiedehämmer, von denen Alfred so schwärmt, zermürben jedoch die ohnehin alles andere als robuste Gesundheit seiner Frau und seines ebenfalls kränkelnden Sohnes Friedrich Alfred, der am 17. Februar 1854 geboren wird. Noch immer lebt die kleine Familie höchst bescheiden neben dem Fachwerkhäuschen mitten in der Fabrik, das dem finanziell bedrängten Firmengründer Friedrich einst als Zuflucht diente. Alfred sieht ein, daß diese Wohnsituation weder angemessen noch gesundheitsfördernd ist.

Er baut daher ein neues Domizil, das wegen der großen verglasten Gewächshäuser und der gepflegten Beete wie eine Mischung aus Villa und Gärtnerei anmutet und folgerichtig auch »Gartenhaus« genannt wird. Die Probleme kann es dauerhaft allerdings nicht lösen. Kaum ist das Haus 1861 fertig, wird es vom Wachstum der Gußstahlfabrik bereits wieder eingeholt. Besonders der neue riesige Schmiedehammer, den Krupp nach dem Rufnamen seines Sohnes »Fritz« getauft hat, macht Bertha das Leben zur Qual. Da das Gebäude, in dem »Fritz« seine Arbeit verrichtet, unglücklicherweise nur wenige hundert Meter neben dem Gartenhaus steht, hält das rhythmische Fallen des 50-Tonnen-Hammers die Wohnung in beständiger Erschütterung und läßt die Gläser im Schrank klirren. Leicht vorstellbar, daß die Nerven auch weniger empfindlicher Naturen hier rasch kapituliert hätten.

Stahl und nochmals Stahl

So mancher Arbeiter lebt eben noch »idyllischer« – also fern der Fabrik – als der Fabrikant und seine technischen Leiter. Je wichtiger der Mitarbeiter, desto rascher muß er im Fall des Falles an Ort und Stelle sein können. Und wer wäre wichtiger gewesen als Alfred selbst? So ist zu verstehen, weshalb er sich zunächst nicht dazu entschließen kann, die enge Nachbarschaft zum Werk aufzugeben. Ende 1863 aber beginnt Krupp systematisch mit dem Kauf großer Ländereien auf den Ruhrhöhen bei Bredeney, heute ein Essener Stadtteil, damals eine selbständige Bürgermeisterei. In seinem Kopf und in eigenhändig beschriebenen Skizzen entsteht nicht einfach nur ein großzügiges Domizil, wie es sich jeder erfolgreiche Unternehmer in jener Zeit zu bauen pflegt. Die Villa Hügel, wie immer man sie auch unter ästhetischen Gesichtspunkten beurteilen mag, ist viel mehr. Alfreds technokratischer Impetus, nicht frei von Anflügen des Größenwahns, läßt sich hier besonders gut besichtigen. »Krupp baut sich auf der Höhe seines Daseins gleichsam noch einmal selbst«, schreibt Gert von Klass.

Daß Alfred Krupp diese »Höhe seines Daseins« annähernd erreicht sieht, dafür sorgt der wirtschaftliche Aufschwung, der Anfang der sechziger Jahre einsetzt. Krupps lukratives Patent für die Eisenbahnräder ist mit Müh und Not noch einmal verlängert worden. Darüber hinaus betreibt er als erster Industrieller auf dem europäischen Festland ein Stahlwerk, das im Dauerbetrieb nach der neuen Technik des englischen Ingenieurs Henry Bessemer arbeitet. Bei gleichem Zeitaufwand liefert es die siebzigfache Menge guten Massenstahls, der etwa für die Eisenbahnschienen völlig ausreicht, die Krupp in steigenden Mengen in alle Welt exportiert. So geschieht beispielsweise die abenteuerliche Er-

schließung Nordamerikas zu einem guten Teil auf Gleisen made in Essen. Schließlich tragen nun auch die Kanonen, die Krupp grundsätzlich an jeden liefert, der will, erheblich zum rasenden Wachstum der Fabrik bei. Im Durchschnitt der sechziger Jahre ist der Anteil der Rüstung am Umsatz auf rund 25 Prozent gewachsen. Mehr und mehr bringt die Weltöffentlichkeit den Namen

Der Hammer »Fritz« bei der Arbeit. Er galt zu seiner Zeit als technisches Wunderwerk.

Krupp nun mit qualitativ hochwertigen Geschützen in Verbindung. Alfred ist dies ganz recht, garantiert der Nimbus doch schöne Absatzchancen. Als eine Zeitung ihn 1864 im Zusammenhang mit dem russischen Großauftrag »Kanonenkönig« nennt, nimmt er dies nicht ohne Stolz zur Kenntnis. Er ahnt es nicht und kann wohl auch nicht ahnen, daß es letztlich dieser sich verselbständigende Titel ist, der dem Namen Krupp neben Ruhm

33

auch ebenso großen, wenn nicht größeren Haß einträgt und seinen Urenkel ins Gefängnis bringen wird.

Der Boom läßt den Essener Arbeitsmarkt förmlich explodieren: Finden 1861 zweitausend Arbeiter bei Krupp ihr Auskommen, sind es 1863 viertausend, 1865 schon achttausend. Alfred selbst weist seiner Firma den Weg zum vertikalen Unternehmen, zum Konzern. Mit dem Kauf von Eisengruben und einem Hochofen- werk, mit dem Anpachten zweier Essener Zechen verschafft sich Krupp eine eigene Rohstoffgrundlage. All dies ist allerdings nicht allein mit Erträgen zu finanzieren. In Geldangelegenheiten wie immer unbekümmert, nimmt er Millionensummen auf.

Der steinerne Gast

Mit seiner Praxisverliebtheit und der gelegentlichen Arroganz des Autodidakten wird Alfred Krupp Fachleuten mit wissenschaft- lichem Hintergrund lebenslang ebenso mißtrauen wie den Bank- menschen. Um so mehr erstaunt, daß er als einer der ersten Stahl- industriellen mit erheblichem Aufwand schon 1863 eine sogenannte »Probieranstalt« einrichtet – ein Laboratorium unter Leitung eines Chemikers, in dem die Möglichkeiten, die in Eisen und Stahl noch unerkannt schlummern, im Experiment unter- sucht werden sollen. Diese weitsichtige Investition verhindert allerdings nicht, daß in jenen Jahren ein Fehler passiert, der zumindest in der Kanonen-Sparte beinahe den mittlerweile gefe- stigten guten Ruf Kruppscher Qualitätsarbeit zunichte macht. Weil Krupp für die Herstellung der Geschützrohre ungeeigneten billigen Bessemerstahl statt hochbelastbaren Tiegelstahl verwen- det, halten einige seiner Rohre im preußisch-österreichischen Krieg von 1866 nicht stand und bersten. Ein Vorfall, auf den Gegner und Neider nur gewartet haben. Durch die sofortige Bereitschaft, die minderwertigen Geschütze kostenlos auszutau- schen, ist die Angelegenheit mühsam in den Griff zu kriegen. Den Sieg Preußens gefährdet es nicht.

Das aufregende Jahrzehnt voller Höhen und Tiefen und schwieriger Entscheidungen führt Alfred an die Grenzen seiner psychischen und körperlichen Leistungsfähigkeit. Nach dem

Kanonen-Debakel flieht er mit seiner Familie in die Kurorte Europas, um sich zunächst für längere Zeit in Nizza, schließlich im englischen Seebad Torquay aufzuhalten. Jahrelang läßt er sich in
Essen nur vorübergehend blicken und überläßt die Leitung der
Fabrik seiner 1862 eingesetzten Geschäftsleitung, der Prokura;
allerdings nicht, ohne den Herren auf kleinen Zetteln und langen
Briefen einen steten Strom von Anweisungen zukommen zu lassen. In Nizza erleidet Alfred, mittlerweile fünfundfünfzig Jahre alt,
einen Zusammenbruch, der zur Zäsur in seinem Leben wird. Nun
beginnt sein langes, von vielen echten und eingebildeten Sorgen
begleitetes Altern. Ernst Schröder, früherer Leiter des Krupp-
Archivs, schreibt, in Südfrankreich hätte der immer ernst dreinschauende Unternehmer von anderen Kurgästen einen bezeichnenden Namen erhalten: »Der steinerne Gast«.

Das Stammhaus,
eine Ikone
der Krupp-
Geschichte,
um 1930 –
längst umgeben
von Schienen
und Fabrikhallen.

Zu Hause in Essen ist Alfred Krupp mit seiner Familie bereits vor
seiner Flucht auf das Hügel-Gelände gezogen, allerdings zunächst
nur in einen umgebauten Gutshof, der später abgerissen wird.
1869 gibt er schließlich von Nizza aus die Anweisung, mit dem
Bau der Villa Hügel zu beginnen. Ein reicher Industrieller baut sich
ein angemessenes Haus – nichts leichter als das, sollte man meinen. Doch die Dinge entwickeln sich zu einem Drama eigener Art,
einem, nebenbei bemerkt, sehr kostspieligen. Denn Alfred vertritt

bis in die Baudetails hinein die Meinung, daß es beim Hügel-Projekt nur einen wahren Baumeister gibt: ihn selbst. Es sind seine Zeichnungen, die umgesetzt werden müssen, er bestimmt die Höhe der Räume, ja selbst die enorme Anzahl und die ungewöhnliche Größe der Badezimmer. Letzteres ist für damalige Verhältnisse geradezu revolutionär. Daß es zwischen Hygiene und Gesundheit einen Zusammenhang gibt, ist eine noch junge Erkenntnis, die Alfred in die Praxis umzusetzen versucht, wobei er allerdings zur Übertreibung neigt.

Dem Zaghaften Mut geben

Daß all dies die ehrgeizigen, durchaus renommierten und nicht uneitlen Architekten, die er sich in Berlin gesucht hat, erst zu Wutausbrüchen veranlaßt, dann in die Resignation treibt, ist leicht nachzuvollziehen. Alfred hatte Dienstleister gerufen, doch Künstler waren gekommen. Die historisierende Fassade täuscht darüber hinweg, daß der Fabrikherr sein Haus in einer Art vorweggenommener Moderne als »Wohnmaschine« versteht, als rein technisches Problem, als Betriebsteil für Repräsentation und Wohnen. Sie aber sind es ihrer Architekten-Ehre schuldig, sich auch mit Proportionen, Fassadengestaltung, Achsensymmetrie und anderen ästhetischen Fragen zu befassen. Immer wieder regiert Krupp in die Baustelle hinein, verlangt hier Änderungen, dort eine Beschleunigung der Arbeiten. Als der durch frühen Kohleabbau vorgeschädigte Grund an Weihnachten 1870 nachgibt und ein Teil des Rohbaus um 20 Zentimeter absinkt, enthebt ein restlos erboster Alfred den Bauleiter seines Amtes und setzt über Nacht einen neuen ein. So tief sitzt der gegenseitige Groll, daß – ein Novum – die beteiligten leitenden Mitarbeiter des Kruppschen Baubüros es gar wagen, ihrem obersten Chef die Stirn zu bieten.

Nur die unmäßige, von Alfred Krupp verlangte Eile habe zum Desaster geführt, klagen sie. Der Fabrikherr, von der Kritik zunächst nicht unbeeindruckt, versteift sich dann aber wie so oft darauf, die Schuld bei anderen zu suchen und »künftig gar keinen Eigensinn zu dulden. Was nicht biegt, soll brechen«. Die Probleme sind aber mit derlei Kraftmeierei nicht in den Griff zu bekommen.

Kaum ist der Einzug am 10. Januar 1873 über die Bühne gegangen, zeigt sich, daß das Herzstück der Hügel-Technik, die aufwendige Frischluftventilation, nicht funktioniert. »In der Halle oben und in den übrigen Corridors genießen wir nach Tische nochmals den ganzen Duft der Küche«, bemerkt Alfred nicht ohne Sarkasmus. Es bleibt nicht der einzige Mangel, aber Alfred will und kann nicht erkennen, daß sein eigener, zwar zeitgenössisch typischer, jedoch selbst für die Verhältnisse der Gründerzeit übersteigerter Glaube an die Allmacht der Technik entscheidend zum Desaster beiträgt. Sein Verhältnis zum Architektenstand ist jedenfalls irreparabel zerstört. Er schimpft sie »Verschwender«, weil nun auch langsam herauskommt, wie teuer das Haus am Ende werden wird. Seufzend bemerkt der amtierende Bauleiter, an Alfred gewandt, »daß es in Deutschland vielleicht keinen Bauherrn geben wird, welcher so schwer zufriedenzustellen ist, wie Sie«. Man ist geneigt, dem Mann dies ohne weiteres zu glauben.

So seltsam es heute klingen mag, da doch jedermann dem beeindruckenden Bau abseits seiner zweifelhaften künstlerischen Qualitäten eine gewisse Bewunderung nicht versagen wird: Die

Die Villa Hügel im Bau (November 1870).
Auf dem Dach Alfred Krupp (mit angewinkeltem Bein).

Villa Hügel bleibt für Alfreds technische Hybris die größte Niederlage. »Der von ihm selbst ins Leben gerufene, gewaltige Apparat einer Wohnmaschine ließ sich nicht unter Kontrolle bringen«, resümiert der Architekturhistoriker Fritz Neumeyer. Bis zu seinem Tod wird sich Alfred mit seinem für die Ewigkeit gedachten Haus nicht aussöhnen. Die Kosten sind wegen des Durcheinanders der vielen Gewerke und in Anbetracht der offenbar dilettantischen Buchführung nie zweifelsfrei ermittelt worden. Sie müssen aber immens hoch gewesen sein.

Kurz vor der Fertigstellung der Villa ordnet Alfred Krupp mit dem Gespür fürs Symbolhafte an, das inzwischen arg verfallene Stammhaus instand zu setzen. Eine Eingebung, die einmal mehr beweist, mit welcher Sicherheit er es versteht, sich und sein Werk zu inszenieren. Die große Villa, die größte, die sich je ein Unternehmer baute, und das zwischen den Werkshallen eingeklemmte und geradezu rührend verloren wirkende Fachwerkgebäude – zwei Pole eines Menschen, der auf dem Zenit seiner Lebensleistung angekommen ist. »Das kleine Haus soll gar keine geschäftliche Bestimmung haben«, schreibt er an die Prokura. Vielmehr solle es dem »Zaghaften Mut geben und ihm Beharrlichkeit einflößen. Es möge warnen, das Geringste zu verachten und vor Hochmut zu bewahren.« Da ist er wieder, der pädagogische Impetus, ohne den Alfred Krupp nicht zu denken wäre. Und die Rechnung geht auf: Das Stammhaus wird wichtiger Ankerpunkt für den Mythos Krupp.

Ein vaterländisches Institut

Während Krupp in den sechziger Jahren noch um die Anerkennung der Gußstahlgeschütze zu kämpfen hat, bringt das neue Jahrzehnt ein Ereignis, das die Bedenkenträgerei in der Militärbürokratie doch ein wenig zurückdrängt. Im Krieg gegen Frankreich 1870/71 sind es die Kanonen aus Essen, die den Ausschlag zugunsten der preußischen Armee geben und denen sich die Bronzegeschütze des französischen Kaisers Napoleon III. nicht gewachsen zeigen. Beginn einer Entwicklung, an deren Ende die Firma geradezu als »vaterländisches Institut« dasteht, als nahezu ungefährdeter Monopol-Lieferant. So hat es Alfred Krupp immer gewollt, und Kanonen sind nun auch zweifellos seine Passion geworden. Er läßt sich von der patriotischen Woge mitreißen, stellt sogar eigene waffentechnische Überlegungen an und befiehlt der Prokura die Entwicklung neuer Rohre, ohne daß es aus Berlin dafür einen Auftrag gegeben hätte. Das pikierte Kriegsministerium mag zwar nach wie vor keine selbständig denkenden Industriellen, doch hindert das Alfred nicht daran, immer wieder »untertänigst« und mit manchmal peinlich wirkender Hartnäckigkeit seine Neuerungen anzubieten.

Noch weitere zehn Jahre sollte dieser Kampf gegen die Alt-Preußen im Militärapparat dauern, den auch der technischen Neuerungen aufgeschlossene Kaiser Wilhelm I. nicht mit einem Handstreich zu Krupps Gunsten entscheiden kann. Erst dann hat das Resümee des Historikers Görlitz eine gewisse Berechtigung: »Neben Clausewitz als Philosoph wurde Krupp als Rüstungsindustrieller einer der Väter des modernen Krieges.«

In der öffentlichen Meinung Europas setzt sich diese Anschauung fest. Der Sieg im Krieg gegen Frankreich, den die Zeitgenossen als »glänzend« heroisieren werden und der Deutschlands Einigung zur Folge hat, dieser Sieg ist für Krupp ein zweischneidiges Schwert. Der Weg zur Ausweitung der Rüstungssparte und damit zu erheblichen neuen Einnahmequellen ist zwar geebnet. Doch Alfred Krupp, der in einer Mischung aus Naivität und Geschick an seinem unpolitischen Habitus festhält, will nicht wahrhaben, daß seine Firma mit jeder neuen Kanonenwerkstatt, mit jedem Besuch des Hohenzollern-Kaisers stärker zum Politikum wird. Da nutzt es gar nichts, daß er meist nur dann nationale Floskeln verwendet, wenn es verkaufsstrategisch geboten scheint, ansonsten aber darauf pocht, seine Geschütze im Prinzip an jeden zu liefern, der sie haben will und bezahlen kann. Anders, so argumentiert Alfred, rechneten sich die enormen Investitionen für die neuen Kanonenwerkstätten nicht, von denen das Deutsche Reich ja zuallererst und vor allen anderen profitiere. »Von Preußen alleine können wir nicht leben«, läßt er den Kaiser und König einmal unverblümt wissen.

Das erscheint vom Standpunkt des Kaufmanns aus plausibel, und die Berliner Militärbehörden nehmen es hin, wenn auch

Das Tiegelstahlwerk 1902. In Tiegeln transportierten die Arbeiter den besonders hochwertigen Stahl zur Gußform.

manchmal zähneknirschend. Doch es ändert nichts daran, daß gerade die Bereitschaft, mit jedem ins Geschäft zu kommen, den moralischen Ruf der Firma bei einer zusehends kritischeren Öffentlichkeit unterminiert. Wer heute noch Freund ist, kann bei rasch wechselnden Allianzen morgen schon Feind sein. So ist es ohne weiteres möglich und geschieht später auch, daß sich Soldaten verschiedener Nationen gegenseitig mit Kruppschen Kriegsmaterial umbringen. Eine Vorstellung, die natürlich jeden rechten Moralisten auf den Plan rufen muß. Daß jedes Land ja selbst entscheiden kann, was es bei wem kauft, fällt dabei allerdings unter den Tisch.

So offen Alfred für jede Art von Export ist, so rigide fordert er im eigenen Land eine Monopolstellung ein. Er glaubt tatsächlich, wegen seiner Verdienste darauf ein Recht zu haben, und bemerkt vielleicht nicht einmal den Widerspruch, in den er sich dabei verwickelt. Einen in der Wolle gewirkten Marktwirtschaftler wird man ihn kaum nennen können. Allerdings haben es Schneider-Creusot in Frankreich und Armstrong-Vickers in England, die prozentual noch viel stärker von der Rüstung leben, nicht anders gehalten.

Soziales Engagement und betriebliche Bindung

Die pazifistisch angehauchte Moral ist Alfreds Sache nicht. Er hat eine andere, und der widmet er sich in den siebziger Jahren mit viel Elan. Ausgehend von einem eher pessimistischen Menschenbild, begegnet er zumal den Arbeitern mit nie erlahmendem Mißtrauen. Man kann, so sein Credo, ihre menschlichen Schwächen jedoch mildern, wenn man sie väterlich streng und gleichzeitig fürsorglich bei der Hand nimmt. »Der Arbeiter soll sich ordentlich kleiden, [er soll] ordentlich wohnen und sich ordentlich ernähren – ganz einfach Akte der Nützlichkeit und der Nächstenliebe«, führt er aus. Die Reihenfolge ist schon richtig, denn legitimerweise ist ihm die Nützlichkeit sicher wichtiger. Verschiedene Hilfskassen für die ärgsten Unglücksfälle des Lebens sowie eine Rentenkasse, zu der die Firma die Hälfte der Beiträge zahlt, gibt es bereits seit langem. Ihr innewohnender »Konstruktionsfehler« ist allerdings gewollt: Wer ausscheidet, der verliert alle Ansprüche, mag er auch zwanzig und mehr Jahre brav seine Beiträge entrichtet haben – für die Arbeiter ein starker Anreiz zu bleiben. Nach der Jahrhundertwende erzwingen allerdings verschiedene Gerichtsverfahren, in denen Krupp unterliegen wird, eine Änderung.

Als Alfred registriert, daß seine Arbeiter von den vielen Krämern rund um die Gußstahlfabrik durch das übliche Anschreibenlassen in finanzielle Abhängigkeit gebracht und bei der Gelegenheit noch mit Schnaps versorgt werden, freundet er sich mit dem Gedanken an, firmeneigene Einkaufsläden zu gründen. Die Aussicht, »sittlich« auf seine Leute einwirken und noch dazu Steuern sparen zu können, läßt ihn die anfängliche Scheu vor der fremden Branche ablegen. Der »Consum«, gegründet 1868, offeriert auf Selbstkostenbasis und gegen strikte Barzahlung Lebensmittel, die um 15 bis 25 Prozent günstiger zu haben sind als in den sonstigen Läden der Stadt. Voraus ging bereits 1858 die Eröffnung einer kruppeigenen Bäckerei und 1865 die Gründung eines zunächst genossenschaftlich organisierten Arbeiter-Konsumvereins, der von der Firma übernommen wurde. Da die Geschäfte allein und ausschließlich Werksangehörigen offenstehen, ist dies ganz nebenbei ein weiterer Beitrag, um die unwirtschaftliche Personalfluktuation in den Werken einzudämmen.

Das stärkste Argument, bei der Firma zu bleiben, schafft Krupp mit dem Wohnungsbau. Die noch kleine Siedlung Westend entsteht bereits Anfang der sechziger Jahre. Den Bedarf decken die wenigen Dutzend Häuser jedoch bei weitem nicht, denn gerade das Wachstum der Gußstahlfabrik läßt den Essener Wohnungsmarkt in jenen Jahren fast kollabieren. Kamen im Jahre 1840 auf ein Essener Wohnhaus im Schnitt 7,5 Bewohner, so nimmt das gleiche Haus 1871 schon 15,5 Menschen auf. In der wiederum vom Eisenbahnbau gestützten Hochkonjunktur der Gründerzeit,

psychologisch noch befördert durch die französischen Milliarden-Reparationen, stampft Alfred Krupp bis 1874 mehr als zweieinhalbtausend Wohnungen aus dem Boden, darunter in der Nähe der Fabrik die große geschlossene Siedlung Kronenberg. Trotz vergleichsweise niedriger Mieten und der grundsoliden Bauweise soll die Zahl der Bewerber zunächst nicht sehr hoch gewesen sein. Weil sich auch das öffentliche Schulwesen mit der großen Kinderzahl überfordert zeigt,

Mittags am Werkstor I an der Altendorfer Straße, 1897. Frauen bringen ihren Männern das Mittagessen.

baut Krupp eigene Schulgebäude, stellt eigene Lehrer ein und gewährt den Kindern seiner Beschäftigten unentgeltlich Unterricht. Die Trennung der Konfessionen schon in der Schule ist Alfred Krupp zuwider wie alles, was in der Gesellschaft auseinanderzudriften droht. Das interessante, damals geradezu revolutionäre Experiment, katholische und evangelische Kinder gemeinsam zu unterrichten, kommt indes zu früh. Eine Weile funktioniert es, dann aber muß vor dem Druck der Zeitverhältnisse kapituliert werden. Der von Reichskanzler Bismarck angezettelte »Kulturkampf« zwischen der katholischen Kirche und dem protestantisch dominierten Staat hat soeben begonnen.

Politisch reaktionär und fürsorglich patriarchalisch

Die eigene »Infrastruktur« führt dazu, daß in den Siedlungen, Kolonien genannt, ein ausgeprägtes Eigenleben herrscht, das

Krupp ganz recht ist und das er systematisch verstärkt. Bis 1901 dürfen »Fremde« den Kronenberg nicht einmal betreten, berichtete später ein alter Kruppianer in der Werkszeitung. Ein Dorn im Auge sind Alfred die öffentlichen Kneipen, in denen er Aufwiegler wittert, die seinen Arbeitern das soeben aufkommende und ihm herzlich verhaßte sozialistische Gedankengut einflößen könnten. »Nach getaner Arbeit verbleibt im Kreise der Eurigen und sinnt über Haushalt und Erziehung. Das sei Eure Politik, dabei werdet Ihr frohe Stunden verleben«, heißt es in einer »Ansprache an meine Werksangehörigen«. Allerdings ist Alfred Pragmatiker genug, um zu akzeptieren, daß der Durchschnittsmensch nun einmal Geselligkeit und Zerstreuung außerhalb der eigenen vier Wände sucht. Also läßt er – man darf vermuten, zunächst gegen innere Widerstände – in den Siedlungen firmeneigene »Bierhallen« errichten, da dies, wie er meint, »mehr Schutz gegen Unordnungen bietet, als wenn die Leute sonst herumlaufen«.

Alfred Krupp ist wichtig, daß er die Dinge in der Hand behält. Selbsthilfe – etwa auf Basis des Genossenschaftsgedankens – ist ihm als Unruhefaktor zutiefst suspekt. Und was braucht es die Sozialdemokratie, was braucht es Gewerkschaften, wo er doch »ohne genügend Arbeit zu haben, dennoch die Leute behält, um ihnen ihr Brot zu erhalten«, schreibt er in einem Brief an die Prokura. Und grimmig heißt es weiter: »Ich bitte ohne Rücksicht auf Entbehrlichkeit, den geschicktesten, besten Arbeiter oder Meister so rasch wie immer tunlich zu entfernen, der nur Miene macht, opponieren zu wollen oder einem derartigen Verband anzugehören.« Ein Fazit seines Menschenbildes zeigt sich im folgenden Satz: »Sittlichkeit, verschwistert mit Ordnung und Treue wirkt segensreich. Klugheit ist kein Ausgleich, sondern ohne Moralität nur gefährlicher als mittelmäßige Intelligenz.«

Klare Worte, die eines deutlich machen: Das politisch Reaktionäre und das fürsorglich Patriarchalische gehören in der Vorstellungswelt dieses Menschen untrennbar zusammen. In einem wütenden Schreiben fordert er die Prokura sogar auf, ein Spitzelsystem zu installieren. Soweit kommt es zum Glück nicht. Die Leitenden verstehen es inzwischen, manch unsinnige Anregung zu verhindern, indem sie sie ganz einfach ignorieren, was dann allerdings oft neuen Zorn provoziert.

Als begeisterter »Gesetzgeber« erläßt Alfred Krupp ein »General-Regulativ«, welches das Zusammenleben in der Fabrik, aber auch außerhalb der Werkstore regelt. Denn er hat durchaus keine Hemmungen, den Arbeitern, die er als unmündige Kinder empfindet, auch weit ins Private hineinzureden. Wer etwa seine vier Wände nicht in Ordnung hält, Streit mit Nachbarn hat, wer »dem Trunke ergeben« ist oder als Mieter einer Werkswohnung eine politisch unliebsame Zeitung bezieht, wer, mit einem Wort, nicht seinen Vorstellungen von »Sittlichkeit« genügt, der kann zumindest im Wiederholungsfall das Zuhause und sogar die Arbeit verlieren. Wie tief den Arbeitern mißtraut wird, wie wenig Respekt ihre Privatsphäre genießt, zeigt später exemplarisch der Mietvertragspassus, wonach einem Beauftragten der Wohnungsverwaltung »zu jeder Tageszeit« und ohne Voranmeldung Zutritt zu gewähren ist. Den Angestellten, den sogenannten »Beamten«, gewährt man in ihren Firmenwohnungen hingegen immerhin eine vierundzwanzigstündige Anmeldefrist.

Alfred Krupp in seinem letzten Lebensjahr, 1887.

All dies ist – sicher nicht zu Unrecht – kritisiert worden, auch wenn die Klassengesellschaft mit ihren demütigenden Abgrenzungen ja nicht von Krupp erfunden wurde. Im übrigen zeigt die im Vergleich mit anderen Montanunternehmen große Firmentreue, daß die meisten Kruppianer manche Einschränkung ihrer persönlichen Freiheit hinnehmen, weil ihnen die Vorteile offenbar wertvoller erscheinen. Dazu gehört bei nicht wenigen eben auch der Stolz, gerade für dieses Unternehmen mit seiner anspruchsvollen Produktpalette arbeiten zu können. Es kam schon zur Sprache, daß Krupp diese – modern gesprochen – »Corporate identity« nach Kräften fördert, ja, daß sie die Voraussetzung ist für die außergewöhnlichen technischen Leistungen.

Pokern am Rande des Abgrunds

Der hektische Boom der Gründerzeit, der die deutsche Wirtschaft rauschhaft aufgebläht hat, endet 1873 in einem bis dahin beispiellosen Börsen-Crash, der von Österreich und den USA nach Deutschland schwappt. Viele der neugegründeten Aktiengesellschaften brechen zusammen, andere erleben Kurseinbußen von bis zu 90 Prozent. Krupp trifft die Krise unvorbereitet, dazu noch mitten in einer Phase größter, riskant finanzierter Investitionen, und das nicht nur im Sozialen. Die Firma hatte einige Jahre zuvor als erste ein Stahlwerk in Betrieb genommen, das nach dem neuen »Siemens-Martin-Verfahren« arbeitet. Neue und bei hochgetriebenen Preisen sehr teuer erworbene Zechen, Erzgruben und Hochofenwerke verbreitern inzwischen die firmeneigene Rohstoffbasis. Bei rapide gesunkener Auftragslage drücken nun kurzfristige Kredite und laufende Lohnverpflichtungen für die fast dreizehntausend Beschäftigten. Ausgerechnet Alfred Krupp, der die Spekulanten und »Aktienschwindler« immer verachtete, der soviel Wert darauf legt, Herr im Haus zu sein, kommt nun nicht umhin, Teile der Fabrik an ein Bankenkonsortium zu verpfänden, will er die schlichte Pleite vermeiden. Zuvor hatte er – wieder einmal – bei Kaiser Wilhelm und bei Bismarck den finanziellen Beistand des Staates mehr gefordert als erbeten, und zwar in Form von Vorschüssen auf Geschütze, obwohl die Regierung noch gar nicht wußte, ob sie das Kriegsmaterial überhaupt bestellen wollte. Alfred Krupps tüchtiger Berliner Vertreter und Vertrauensmann Carl Meyer hatte seinen Chef davor gewarnt, seine Forderungen zu überziehen: »Verlangen wir Unmögliches, so riskieren wir, nichts zu bekommen!«

Obwohl Krupp hoch pokert, läßt Wilhelm I. die Firma nicht hängen. Seiner Intervention ist es zu verdanken, daß das Konsortium in letzter Minute zustande kommt und sich die preußische Staatsbank Seehandlung an deren Spitze stellt. Als Sicherheit für 30 Millionen Mark flüssige Mittel, verzinst mit 6 Prozent, muß Krupp einen Treuhänder akzeptieren, der den Banken monatlich über den Gang der Geschäfte berichtet. Daß es sich dabei um Carl Meyer handelt, zeigt aber, daß die Geldhäuser das Vertrauen in die Selbstheilungskräfte des Unternehmens nicht verloren haben.

Dreizehn Jahre nimmt es in Anspruch, bis die letzte Rate getilgt ist. »Für den 62jährigen Krupp wurde die Einsicht in den Abgrund, an dem er ahnungslos gestanden hatte, zur inneren, nie mehr ganz verwundenen Katastrophe«, schreibt Ernst Schröder. Immerhin ist die Firma dank ihres Ansehens und ihrer Bedeutung im Grunde glimpflich aus der Krise herausgekommen, und sie bleibt trotz schwerer Hypotheken in Familienbesitz. Fürs erste ist es nun allerdings vorbei mit den hohen Löhnen, der relativen Arbeitsplatzsicherheit und dem Schlendrian beim Geldausgeben, der sich bei Krupp eingeschlichen hat und der exemplarisch beim Bau der Villa Hügel deutlich geworden ist. Das General-Regulativ dokumentiert nach außen eine Straffheit, die es im Inneren nicht wirklich gibt, und das betrifft nicht nur das Finanzielle. Die Weiterentwicklung der Führungsstruktur hält mit der Wachstumsdynamik des Unternehmens lange nicht Schritt. Zwar existiert schon seit 1862 eine verantwortliche Prokura als Werksleitung, doch leidet das lange Zeit nur vierköpfige Kollegium einerseits an

Überlastung, andererseits an dem Zwang zur Einstimmigkeit. Auch sind die Befugnisse gegenüber dem Eigentümer nicht klar abgegrenzt. Alfred Krupp hat zwar die Einsicht, daß ein einzelner mit unumschränkter Machtfülle das Riesenwerk nicht bis ins kleinste Detail führen kann, doch scheut er in der Praxis vor den Einschränkungen zurück, die diese Einsicht ihm selbst auferlegen würde. Besonders drastisch zeigt sich das in Alfreds Neigung, selbst aus Kurorten der Prokura per Briefpost in Alltagsfragen hineinzureden. Die eigentümliche Konstruktion der Firmenspitze, die noch zu Zeiten seines Urenkels geltende Ablehnung des Generaldirektor-(oder Vorstandsvorsitzenden-)Prinzips, hat hier ihren Ursprung. Eine Struktur, die, wie sich noch mehrfach erweisen sollte, Stärken und Schwächen zugleich hat.

Die folgenden Jahre der eher ruhigen Konsolidierung zeigen andererseits, daß Krupp im Kern, also im Technisch-Industriellen, ein gesundes, wachstumsfähiges Unternehmen ist.

Auf der Höhe von Macht und Ansehen
1875 – 1918

Der Sohn eines starken, erfolgreichen und herrischen Vaters zu sein ist selten ein Vergnügen. Friedrich Alfred Krupp, der im Familienkreis nur Fritz hieß, könnte davon ein Lied singen, wenn er es nicht lebenslang vorgezogen hätte, über dieses Kapitel zu schweigen. Alfred will der Firma einen Nachfolger nach seinem Ebenbild formen, dem Sohn aber, der andere Talente hat, fehlt die Härte des Vaters im Umgang mit sich selbst und anderen. Fritz kränkelt praktisch von Geburt an, was Alfred lange Zeit zweifeln läßt, ob dieser zarte Junge, der ganz nach der Mutter kommt, für das Erbe überhaupt geeignet ist. Alfred, vermutet Gert von Klass, hätte »keine Sekunde gezögert« und den Erhalt seines Lebenswerks ohne Fritz geplant, hätte sich dieser nicht doch noch gefangen.

Nur wenige Jahre ist Fritz in der Lage, das Burg-Gymnasium in Essen zu besuchen. Den Rest der Schulbildung besorgen Hauslehrer – und Alfred selbst, der als klassischer Autodidakt ohnehin nicht viel von Lehrplänen hält. Der Wunsch des Sohnes, seinen naturwissenschaftlich-technischen Neigungen an einer Hochschule nachzugehen, stößt lange auf erbitterten Widerstand. Dafür habe man Angestellte, läßt Alfred wissen. Die beste Vorbereitung für das spätere Erbe sei das Lesen und Abschreiben seiner, Alfreds, Briefe und sonstiger schriftlicher Hinterlassenschaften. Fritz ist nicht der Typ, der sich offen auflehnt, und dies hätte nach Lage der Dinge wohl auch keine Aussicht auf Erfolg gehabt. Also fügt er sich in die Fron, nicht ohne seine wahren, ganz eigenen Stärken heimlich im Auge zu behalten. Die Flucht in den Militärdienst, die er als Achtzehnjähriger unternimmt, gerät zum Fiasko für sein Selbstvertrauen. Er wird nach kurzer Zeit als körperlich zu schwach befunden und entlassen – zur Freude des Vaters, des einsam gewordenen Egoisten, der den Sohn an seiner Seite und sonst nirgendwo haben will. So endet der in jungen Jahren einzige ernsthafte Versuch des Aufbegehrens kläglich.

Wenn der »Alte auf dem Hügel« Streit mit seinen Direktoren und Konstrukteuren hat – was in seinem letzten Lebensjahrzehnt oft vorkommt –, versucht der Sohn immerhin gelegentlich und meist heimlich zu schlichten. Andererseits versteht es Alfred durchaus, Fritz' früh erkennbares Verhandlungs- und Vermitt-

lungsgeschick für das Unternehmen nutzbringend einzusetzen –
etwa beim Loseisen des späteren Direktors Wilhelm Gussmann
aus dem Staatsdienst. Dank dieser Erfolge und nicht zuletzt mit
der Förderung der wissenschaftlichen Stahlforschung innerhalb
des Unternehmens wächst Friedrich Alfred beinahe unmerklich in
die Verantwortung hinein. Erst 1882, als Achtundzwanzigjähriger,
wird er sich die Freiheit nehmen, einige Semester Chemie und
Metallurgie an der Technischen Hochschule in Braunschweig zu
studieren. Ein Jahr später setzt er durch, daß bei Krupp ein zweites chemisches Laboratorium »mit betont wissenschaftlicher Auf-
gabenstellung« (Köhne-Lindenlaub) die Arbeit aufnimmt. Wie
sich später zeigen sollte, eine Entscheidung von unschätzbarem
Wert.

Besuch einer chinesischen Delegation auf Villa Hügel, 1897. China gehörte vor dem Ersten Weltkrieg zu den besten Kunden für Krupp-Geschütze. Vorn sitzend Barbara und Bertha Krupp, sechste von rechts stehend Margarethe Krupp.

Mit seinem zähen Freischwimmen von der väterlichen Bevor-
mundung suggeriert Fritz nebenbei den mitunter frustrierten »Leitenden«, daß auch einmal andere Zeiten kommen. Ohnehin kann
trotz all seiner Querschüsse nicht einmal Alfred es verhindern, daß
die eigentliche Entscheidungsgewalt in allen Alltagsfragen nun
mehr und mehr auf die Prokura übergeht. Die Zeit ist einfach reif
dafür, und mit Hanns Jencke tritt 1879 ein Mann an die Spitze, der
selbst natürliche Autorität besitzt und sich vom allzu kurzen
Gängelband des Eigentümers befreit.

Einstieg in den Weltmarkt

Der Eisenbahnbedarf ist immer noch – und wird es noch lange sein – ein Standbein des Umsatzes. Hinzu kommen Kurbelwellen, Schmiedestücke für Schiffe sowie Maschinenteile aller Art, Brücken, Stahl- und Eisenbleche, auch Walzen und Münzstempel, mit denen ja alles anfing; außerdem natürlich, von Alfred eifrig gefördert, das Kriegsmaterial. Immer zielgenauer, immer weitreichender werden die Kanonen. Kamen aus Essen bislang eher leichte Feldhaubitzen, dringt Krupp nun auch in den Markt für schwere Belagerungs- und Schiffsgeschütze vor, bislang eine Domäne der Firma Armstrong aus Sheffield. Es beginnt der harte, diplomatisch flankierte und mit manchen Tricks geführte Kampf auf dem sich entwickelnden Weltmarkt, den »die großen Drei« fast vollständig beherrschen: Krupp, Armstrong-Vickers und Schneider-Creusot. Daneben erwächst Krupp im Inland mit dem begnadeten Techniker Hermann Gruson, der eine Hartgußfabrik in Magdeburg betreibt, eine ernstzunehmende Konkurrenz. Wie stets, wenn er seine Vormachtstellung auch nur von ferne bedroht sieht, versucht Alfred Krupp nicht ohne Niedertracht, Gruson klein zu halten und dessen Produkte – Hartgußschutzpanzer und Geschütze – zu schmähen. Mit dem »Fair play« im Konkurrenzkampf tut er sich zeitlebens sehr schwer. Grusons gutem Ruf in Berlin schadet dies nicht, im Gegenteil: Mancher eingeschworene Krupp-Gegner im Regierungsapparat hat auf eine solche sachlich begründbare Alternative nur gewartet.

Schon im Geschäftsjahr 1876/77 entfällt bei Krupp erstmals mehr als die Hälfte des Umsatzes von 41 Millionen Reichsmark auf Rüstungsprodukte. Aber der Anteil schwankt. »Der Bereich der zivilen Produktion wuchs ganz eindeutig stärker als die Rüstung«, schreibt der Historiker Klaus Tenfelde. Seit den sechziger Jahren verfügt Krupp über eigene Schießplätze, um – unabhängig von den staatlichen Einrichtungen dieser Art – in Ruhe Versuche unternehmen zu können. Weil sie sich als zu klein erweisen, pachtet die Firma 1877 ein 100 Quadratkilometer großes Gelände im dünnbesiedelten Emsland bei Meppen. Es wird Kaiser, Könige und Premierminister sehen, die hier gebannt den »Wettschießen« von Produkten konkurrierender Unternehmen und damit in der Regel auch konkurrierender Nationen folgen. Von Globalisierung ist in jenen patriotisch trunkenen Jahren noch keine Rede. Man hat ausgerechnet, daß allein bis 1887 genau 13.799 Kanonen die Essener Gußstahlfabrik verlassen, wovon 4132 ins Ausland gingen.

Der erste Bauabschnitt des Altenhofs in Essen-Rüttenscheid, 1906. Eine der schönsten Krupp-Siedlungen, zum größten Teil in den 1970er Jahren abgerissen.

Der übertragbare Geist

Die neuen Verfahren zur Stahlerzeugung, die Technisierung der Stahlverarbeitung und die wissenschaftliche Metallurgie verändern zunehmend die innere Hierarchie in der Fabrik. Bis dato hatten die sogenannten »Feuerarbeiter« das höchste Ansehen genossen. Zu ihnen zählten die Schmelzer und Gießer der Tiegelstahlproduktion und die Hammerschmiede, von deren Augenmaß und Erfahrung es abhing, ob ein großes Werkstück gelang oder, im Extremfall, danach zum Schrott zu zählen war. Viele erhielten als Ungelernte die Chance zum Aufstieg – unter Arbeitsbedingungen allerdings, die extrem gesundheitsgefährdend und anstrengend waren. Ihre Stellung als »Werkselite« nehmen nun nach und nach die gelernten Dreher, Fräser und Schlosser der mechanischen und der Kanonenwerkstätten ein, bei denen es sich oft genug um die Söhne der Feuerarbeiter handelt. Gerade in Essen ist der Typus der Kruppianer-Familie in der dritten, später sogar vierten und fünften Generation nicht selten. Die Firma sieht dies gern, kann sie doch damit rechnen, daß sich der »Kruppsche Geist« so am einfachsten überträgt.

Selbstverständlich betrifft dieser interne Wandel auch den Verdienst. Und es wird wieder gut verdient bei Krupp. Aus den Statistiken der Hütten- und Walzwerks-Berufsgenossenschaft geht hervor, daß Krupp-Arbeiter in den achtziger und neunziger Jahren bis zu 25 Prozent mehr in der Lohntüte finden als die Beschäftigten anderer rheinischer oder westfälischer Stahlwerke – ganz zu schweigen von den geringen Löhnen, die in rückständigeren und ärmeren Reichsgebieten üblich sind. Dies trägt neben den Sozialleistungen entscheidend dazu bei, daß bei Krupp seltener gekündigt wird, was der Firma wiederum eine erfahrene Belegschaft garantiert. Erfahrung aber ist im vorwissenschaftlichen Zeitalter das wichtigste, um dauerhaft beste Qualität zustande zu bringen.

Eine unerwünschte Braut

Während in der Fabrik unten in Essen die Dinge eine ruhige Entwicklung nehmen, hängt auf dem Hügel der Haussegen schief. Von Bertha, der unglücklichen Ehefrau, maßgeblich befördert, hat sich Fritz eine Braut erwählt, die Alfred aus tiefstem Herzen ablehnt. Margarethe von Ende entstammt altem, aber verarmtem Adel, der Vater dient in der preußischen Bürokratie, mit der sich Krupp nun seit einem halben Jahrhundert herumschlägt. Zu Recht hat Gert von Klass darauf hingewiesen, daß Alfred, obwohl selbst Sproß einer alten Patrizierfamilie, zum Adel und dessen Traditionen nicht den geringsten Bezug hat. Die eigene, ihm angebotene Nobilitierung hatte er stolz abgelehnt: »Ich heiße Krupp, das genügt.« So kann nicht verwundern, daß die Wahl des Sohnes einen vom Schlage Alfreds verdrießlich stimmen muß. Doch ob ihm eine andere genehmer gewesen wäre? Da sind Zweifel erlaubt. Der alte Krupp hat sich zu sehr daran gewöhnt, daß sein Sohn ständig zur Verfügung steht. Er ist nicht bereit, ihn mit einer jungen Frau zu teilen. Hartnäckig verweigert Alfred jahrelang die Einwilligung zur Hochzeit, bis er schließlich 1882 nachgibt und dem jungen Paar im kleinen Haus der Villa Hügel eine Wohnung anweist. Kurz zuvor hatte Mutter Bertha, zum Kummer des Sohnes, den Hügel für immer verlassen. Das Leben an der Seite des siebzig Jahre alten Patriarchen ist offenbar nicht mehr auszuhalten.

Seine letzten Jahre verbringt Alfred Krupp im wesentlichen damit, die Prokura mit allerlei phantastischen Projekten einzudecken und seine Umgebung – man kann es nicht schmeichelhafter sagen – zu tyrannisieren. Mit einer guten Portion Fanatismus versucht der verbitterte Greis, die verhaßte

1882: Friedrich Alfred Krupp heiratet Margarethe von Ende, geboren 1854.

Sozialdemokratie daran zu hindern, unter den inzwischen knapp zwanzigtausend Kruppianern, davon dreizehntausend in Essen, Fuß zu fassen. Dabei scheint die Sorge gänzlich unbegründet, denn Stadt und Landkreis Essen sind mit ihren an der konfessionellen Tradition ausgerichteten Milieus für die SPD noch lange Zeit ein verlorener Posten, wie die Wahlergebnisse deutlich belegen. Das seit jeher schmucklose Landstädtchen zählt nun zwar siebzigtausend Einwohner, doch das äußere Bild des Altstadtkerns ist noch kaum entscheidend verändert. Jenseits der westlichen Stadtgrenze ist allerdings eine Industriekulisse emporgewachsen, die in ihrer Flächenausdehnung das Siebenfache der Altstadt erreicht hat. Auf Gedeih und Verderb ist man mit dem bei weitem größten Arbeitgeber verbunden. Zwischen 1870 und 1900 leben durchweg zwischen 30 und 40 Prozent der Essener Bürger von Krupp – sei es als Arbeiter oder als Familienangehöriger eines Kruppianers.

Die Bilanz eines Pioniers

1887 stirbt Alfred Krupp mit fünfundsiebzig Jahren an Herzversagen. Eine Bilanz dieses ungewöhnlichen und an Widersprüchen so reichen Lebens muß zwiespältig ausfallen. Unstrittig ist er als Mensch über die Maßen schwierig. Auf den ersten Blick erscheint es leicht, seinen Egoismus, seinen Machtwillen und seine Schrullen mit dem Titel »Kanonenkönig« zu addieren und ihn zu verdammen, so wie es im nachhinein ja auch vielfach geschehen ist. In einem vom Pazifismus beseelten Zeitalter muß tatsächlich irritieren, welch hohen Stellenwert er höchstpersönlich in den letzten zehn bis fünfzehn Jahren seines Lebens der Produktion und Weiterentwicklung von Waffen einräumte. Wäre die Welt nun ohne ihn friedlicher gewesen? Oder hat er dank seines Gespürs einfach nur früher als andere erkannt, daß mit Rüstung Geld zu verdienen ist? Letztlich gibt es ohnehin keine »bösen« oder »guten« Waffen. Die moralische Frage stellt sich denen, die sie führen oder die die Macht haben, sie ihren Truppen an die Hand zu geben. Tatsache ist: Als Alfred Krupp sein Arbeitsleben beginnt, ist Deutschland ein in sich zerrissenes, überwiegend agrarisch geprägtes Gebilde. Als er stirbt, steht das Reich an der Schwelle zur Großmacht, und daran hat er zweifellos einen Anteil, der allerdings auch nicht überschätzt werden darf. Was in der Ära nach Bismarck daraus gemacht wird, kann weder dem »Eisernen Kanzler« noch Alfred Krupp angelastet werden.

Die Kanonen-
werkstatt V, 1902.

Unstrittig beschäftigt ihn die soziale Frage. Natürlich ist hier viel Eigennutz im Spiel, doch was soll daran so verwerflich sein? Für die politische Linke, die an uneigennützige Menschheitsbeglückung glaubt, ist dies gleichwohl schwerer hinnehmbar, als wenn Krupp in jeder Hinsicht der Schablone des finsteren Kapitalisten entsprochen hätte. Wenn zeitgenössische Kritiker gar von der »Wohlfahrts-Pest« sprechen, mit der man den Arbeiter geschickt einzuwickeln verstehe, wird dabei geflissentlich übersehen, daß diese »Pest« vielen Menschen das Leben erheblich erleichterte. Und zwar im Hier und Jetzt, nicht eines fernen Tages nach der prophezeiten Revolution, von der die meisten Arbeiter gerade im Ruhrgebiet instinktiv nicht viel Gutes erwarteten. Unstrittig ist gewiß, daß Alfred Krupp nie begriff, warum Abhängigkeit ohne ein gewisses Maß an Selbstbestimmung mit der Zeit für niemanden erträglich ist. Auch die weniger radikalen Forderungen der Arbeiterbewegung mußten ihm wegen dieses Unvermögens unverständlich bleiben.

Man würde Alfred Krupp unrecht tun, wollte man es dabei belassen. Da ist der Unternehmer, der es sich nicht auf dicken Aktienpaketen gutgehen ließ, sondern der gewiß nicht weniger hart arbeitete als seine Leute, der allerdings in Finanzdingen nicht immer sattelfest war. Da ist der Stahlproduzent, der mutig und ohne großes Zögern die neuesten Entwicklungen aufgriff und zur technischen Reife führte. Da ist der Techniker, der differenzierte Anwendungen für die unterschiedlichen Stahlsorten fand. Da ist der Kaufmann, der einen Spürsinn besaß für neue Produkte und die Zähigkeit, sie am Markt durchzusetzen. Da ist der frühe Meister in Sachen Werbung, ohne den der Kruppsche Nimbus nicht denkbar ist – vielleicht sein genialster Zug. Und da ist schließlich der Pädagoge, der sich viel auf seine Menschenkenntnis zugute hält, dessen von Mißtrauen geprägtes Menschenbild jedoch den Idealisten nicht gefallen kann, eben weil es vom Grundsatz des Gebens und Nehmens bestimmt ist. »Treue gegen Treue«, wie er selbst es ausdrückt. Nicht nur, aber auch, weil viele politische und ökonomische Illusionen inzwischen zerstoben sind, ist die Bewertung der Figur Alfred Krupp nicht abgeschlossen. Eine große historisch-kritische Biographie steht noch aus.

Eine abhängige Sonderstellung

Als Friedrich Alfred Krupp dreiunddreißigjährig die Gußstahlfabrik erbt, dauert es nur noch ein Jahr, bis der drei Jahre jüngere
Wilhelm II. den Thron besteigt. Mit dem ungestümen, sprunghaf-

Eine typische
Ansichtskarte
der Zeit vor dem
Ersten Weltkrieg.
Essen warb gerne
mit den Titeln
»Kanonenstadt«
und »Waffen-
schmiede«.

ten und naßforschen Kaiser zieht ein neuer Stil in Berlin ein.
Endgültig vorbei ist es nun mit dem pragmatischen, vorsichtig
wägenden und nicht zuletzt sparsamen Preußentum, das sein
Großvater Wilhelm I. allen gesellschaftlichen Veränderungen zum
Trotz bis zuletzt, wenn auch mühsam, hochhielt. Mit Wilhelm II.
beginnt jener seltsame kulturelle und geistige Spagat, mit einem
Bein in der romantischen Mythenwelt des Mittelalters und der
preußischen Frühzeit stehen zu wollen, mit dem anderen im Industriezeitalter, das zugleich den demokratischen Ideen Auftrieb
verschafft. Die Weltgeltung der deutschen Industrie ist inzwischen
offensichtlich, und sie soll das technische Rüstzeug liefern, um des
Kaisers hochgespannte Pläne zu verwirklichen. Um es England,
dem Wilhelm in Haßliebe verbunden ist, an außenpolitischer
Durchschlagskraft gleichzutun, soll vor allem eine große Kriegs-
flotte her. Zwar sind auch andere Unternehmen als Krupp in der
Lage, guten Stahl zu erzeugen, doch ohne die Essener kann diese
Kraftanstrengung nicht gelingen. Die traditionell guten und
schon sehr alten Beziehungen zwischen den Krupps und den
Hohenzollern gehen nun in eine neue Phase. Die unangefochtene
Sonderstellung der Firma, die Alfred Krupp immer anstrebte und
nicht ganz erreichte, wird jetzt ein Faktum. Mit der Sonderstellung
wächst jedoch auch die Abhängigkeit von Staat und Politik.

»Fritz« Krupp ist zunächst nicht der Mann, der über die neuen Perspektiven in Begeisterung geriete, obwohl bald Gewinne in einer Höhe winken, die in früheren Zeiten undenkbar waren. Introvertiert, grüblerisch und an der Verantwortung sichtlich schwer tragend, dabei aber liebenswürdig, hat er dem Drängen und zuweilen auch den Zumutungen des Kaisers wenig entgegenzusetzen. Während es früher oft den Anschein hatte, als ob Alfred und Wilhelm I. beinahe von gleich zu gleich verhandelten, sich jedenfalls gegenseitig wertschätzten, sind die Gewichte jetzt einseitiger verteilt: Der junge Kaiser äußert »Wünsche«, und der junge Krupp sieht es als seine patriotische Pflicht an, diesen zu entsprechen. Nur ganz zu Anfang der Regentschaft, als sich Wilhelm in bewußter Abgrenzung zu Bismarck kurzzeitig der sozialen Frage zuwendet, innere Versöhnung fordert und von den Unternehmern Kompromisse mit der Arbeiterschaft verlangt, legt Fritz sich mit ihm an. Herr im Hause bleiben will er bei aller Konzilianz schon. Das ist er seinem Vater schuldig.

Druck aus und in Berlin

Deutlich wird Wilhelms Hineinregieren in die Fabrik, als es um die Herstellung von Panzerplatten geht, ohne die kein Schlachtschiff auskommen kann. Außer Krupp beherrscht in Deutschland nur die sehr viel kleinere Dillinger Hütte im Saarland die Technik, Stahl so zu härten, daß die gewalzten Platten auch schweren Beschuß aushalten. Das Verfahren ist kompliziert und teuer und erfordert hohe Investitionen. Friedrich Alfred Krupp zögert, weil für ihn zunächst nicht absehbar ist, ob sich die

Die obere Halle der Villa Hügel um 1900. Heute finden hier Konzerte statt.

Walzwerke jemals amortisieren. Auf massives Drängen des Kaisers und des Reichsmarineamtes willigt er schließlich ein und beginnt mit der Produktion. Auch der Kauf der maroden Kieler Germaniawerft, die jahrelang nichts als Verluste abwirft, ist maßgeblich auf Intervention von ganz oben zurückzuführen. So hätte sich Alfred die enge Koexistenz von Staat und Firma kaum vorgestellt.

Was noch schlimmer ist: Teils aus eigenem Antrieb, teils weil er sich überreden läßt, steigt Friedrich Alfred Krupp als Reichstagsabgeordneter in die Politik ein und setzt sich damit dem schwer zu widerlegenden Verdacht aus, Geschäftliches und Politisches zu vermengen.

Die Lage in Essen ist gekennzeichnet durch die starke Stellung der katholischen Zentrums-Partei, für die der ehemalige Krupp-Arbeiter Gerhard Stötzel seit 1877 regelmäßig, wenn auch knapp den Wahlkreis Essen gewinnt. Die evangelisch-kaisertreuen Nationalliberalen haben überhaupt nur eine Chance, wenn der Name Krupp auf dem Stimmzettel auftaucht. Wohl in einer Mischung aus Überzeugung, äußerem Druck und Loyalitätsgefühl sind viele Kruppianer dann bereit, auch am Wahltag »Betriebstreue« zu demonstrieren. Nicht zuletzt deshalb, weil der Firmenchef etwa in den werkseigenen Siedlungen Kronenberg, Schederhof und Westend jeweils mehr als 80 Prozent der Stimmen erhält, reicht es 1893 knapp zur Mehrheit.

Eine Steilvorlage für die Sozialdemokraten im Parlament, für die es etwas geradezu Provokantes haben muß, daß einer der reichsten Männer Europas, demokratisch gewählt, nun mitten unter ihnen sitzt. Ihre Ideologie, wonach private Kapitalinteressen die Politik bestimmen, sehen sie an der Symbolfigur Krupp eindrucksvoll bestätigt. Entsprechend scharf sind die Angriffe, denen der sensible, ja mimosenhafte Konzernherr innerlich nicht gewachsen ist. Der selbstverschuldete Fehler, der allerdings in der Logik der Kruppschen »Staatsnähe« liegt, wird dazu beitragen, daß Friedrich Alfred Krupp als Mensch letztlich zerbricht. Obwohl er selbst an manchem politischen Winkelzug beteiligt ist, begreift er in seiner Naivität viel zu spät, daß sich die neuen Methoden auch gegen ihn richten könnten. Zwar haben die alten staatlichen Eliten vorderhand das Sagen, jedoch bekommen Parteipolitik und öffentliche Meinung, repräsentiert durch die Presse, als Mit- und

Gegenspieler immer größere Bedeutung. Auch ein Krupp ist da nur eine Schachfigur im großen Machtspiel, auch ein Krupp kann zum Bauernopfer werden.

Im Reichstag tritt der neue Abgeordnete öffentlich nicht groß in Erscheinung. Dafür wirkt er mehr im Hintergrund, etwa wenn es gilt, für die teuren kaiserlichen Flottenpläne die notwendige Mittelbewilligung des Parlaments zu erhalten. Der Deutsche Flottenverein, den er mitbegründet und mitfinanziert, dient dabei ebenso als Propaganda-Instrument wie die Zeitung »Berliner Neueste Nachrichten«, an der er beteiligt ist. »An Friedrich Alfred Krupps materiellem Interesse am Schlachtflottenbau und der damit eng verknüpften Bereitschaft, dafür auch auf die öffentliche Meinung einzuwirken, kann kein Zweifel bestehen«, folgert Michael Epkenhans. Der Historiker, der zu diesem Thema erstmals auch bislang verschlossene Akten auswertete, hält jedoch eines nicht für möglich: daß Krupp im Vorfeld der Flottenpläne direkt politisch Einfluß nehmen kann. Die Grundsatzentscheidungen sind im kleinen Kreis um Kaiser und Marineamt gefallen. Hier hat Krupp, wenn es ernst wird, keinen Zutritt. Wilhelms Wohlwollen seinem wichtigsten Industriellen gegenüber ist groß, doch in Berlin haben nach wie vor die adligen Militärs und die oft genug dubiosen Ratgeber des Kaisers das Sagen. Ohne das Geld und das industrielle Potential des Bürgertums geht es zwar nicht, doch liebt man es bei Hofe nicht dafür.

Krupp-Veteranen im »Pfründnerhaus« des Altenhofs. Ein wohlkomponiertes Bild, das die Sozialleistungen des Unternehmens effektvoll unterstreicht.

Konflikt um die Schlachtflotte

Trotz des »defensiven Grundzugs in seiner Geschäftspolitik« (Epkenhans) kann eines nicht wegdiskutiert werden: Sowohl aus patriotisch-ideologischen Gründen als auch aus ökonomischen Erwägungen ist dem Stahlproduzenten Krupp die Aufrüstung der Marine ganz recht. Das Ausmaß dieses Spagats, dessen Brisanz Friedrich Alfred nie ganz klar wird, verursacht natürlich in der Öffentlichkeit und vor allem in der sozialdemokratischen Presse mächtigen Wirbel. Wilhelm und sein Großadmiral und Staatssekretär Alfred von Tirpitz müssen zu Recht fürchten, daß das Parlament das Geld nicht lockermacht, sollte sich der Eindruck festsetzen, die Schlachtflotte sei nur ein Lieblingsprojekt der Stahlindustrie. Tirpitz, ein begnadeter politischer Taktiker, beschneidet in der Folgezeit Krupps Einfluß. Der Flottenverein soll nun »volkstümlicher« werden. Entnervt, enttäuscht und um Erfahrungen reicher zieht sich Friedrich Alfred Krupp 1899 zurück. Bereits ein Jahr zuvor hatte Stötzel das Reichstagsmandat in Essen knapp zurückgewonnen.

Die Diskussion um den Flottenbau ist für Krupp damit nicht erledigt. Der Zorn im Reichstag wird übermächtig, als man ihn und den saarländischen Industriellen Stumm verdächtigt, gemessen am Umsatz Gewinne von bis zu 70 Prozent beim Bau der Panzerplatten einzustreichen. August Bebel, der legendäre sozialdemokratische Führer, fordert die Regierung im Parlament auf, woanders billiger zu kaufen. Nur: Es gibt keine Alternativen. Dennoch kommt es Tirpitz nicht ungelegen, daß Krupp öffentlich unter starkem Druck gerät. Seit langem versucht der Marinestratege vergeblich, günstigere Preise durchzudrücken, beißt damit in Essen jedoch unter Hinweis auf die betriebswirtschaftlichen Notwendigkeiten auf Granit. Indem man Krupp im Regen stehen läßt, soll das Parlament den Eindruck erhalten, die Regierung wolle ja sparen, nur die Industrie spiele nicht mit.

Noch immer decken die staatlichen Heereswerkstätten den Grundbedarf der Artillerieproduktion, während die Privatunternehmen vor allem für Neuerungen und in Zeiten der Aufrüstung gebraucht werden. Krupps Argument, daß das Rüstungsgeschäft deshalb zu riskant sei, um mit niedrigen Gewinnen zu arbeiten, hat eine gewisse Logik. Auch die enorme Exportquote bei den Geschützen von bis zu 80 Prozent begründet der Firmenchef wie schon sein Vater mit der sonst unmöglichen Auslastung der teuren Kanonenwerkstätten. Akzeptieren will das so recht keiner. Denn Tatsache ist eben auch, daß sowohl das Firmen- als auch das bei der Steuerveranschlagung angegebene Privatvermögen Krupps gerade in jenen Jahren um jeweils rund ein Drittel wächst. Ganz unbegründet sind die sozialdemokratischen Proteste also nicht. Krupp ist dann auch bereit, nach einer Schamfrist die Preise zu senken, sicher auch, weil die Bestellungen steigen. Das Anspringen der Rüstungskonjunktur hat soeben begonnen.

Die Prokura heißt jetzt Direktorium, und das ist mehr als nur eine Namensänderung. Im Gegensatz zu seinem Vater weiß Friedrich Alfred Krupp, daß er die Riesenfabrik mit ihren Zweigwerken

Restaurationssaal im Beamtenkasino der Gußstahlfabrik um die Jahrhundertwende.

nicht mehr autokratisch regieren kann, sondern das Tagesgeschäft den leitenden Angestellten überlassen muß. Andererseits behält er sich das Recht der letzten Entscheidung in wichtigen Fragen vor. Und es gibt viel zu entscheiden, denn Krupp nutzt die Gunst der Hochkonjunktur, um das Unternehmen endgültig zum Konzern zu erweitern.

Der Ausbau zum Konzern

Gegner, die man nicht besiegen kann, soll man umarmen. Diesem Prinzip folgt Krupp im Umgang mit dem Magdeburger Gruson-Werk, das inzwischen fast dreitausend Beschäftigte zählt und sich bei gepanzerten Geschütztürmen, schweren Kanonen und Granaten, aber auch beim Maschinenbau im internationalen Wettbewerb zu einer unangenehmen Konkurrenz entwickelt hat. Gütliche Einigung oder Kampf um jeden Preis, den der viel größere Krupp-Konzern wohl letztlich für sich entschieden hätte – darauf spitzen sich die Dinge zu. 1892 wird ein Betriebsüberlassungsvertrag mit Gruson abgeschlossen. Ein Jahr später macht Krupp von der dabei vereinbarten Kaufoption Gebrauch, wobei es letztlich gelingt, Einvernehmen herzustellen. Hermann Gruson, dem die Entwicklung dennoch nicht leichtgefallen sein kann und der zeitweise mit den Essenern einen »harten Kampf« ausfechten wollte, fügt sich schließlich ins Unvermeidliche. Er zieht sich, krank und inzwischen über siebzig Jahre alt, aufs Altenteil zurück.

Eine echte Neugründung ist das Hüttenwerk, das Krupp strategisch günstig ab 1895 am linken Rheinufer bei Rheinhausen aus dem Boden stampfen läßt. Friedrich Alfred holt damit nach, was sein Vater gegen Ende seines Lebens nicht mehr zustande brachte: die räumliche Nähe von Verhüttung und Stahlerzeugung, die nach Einschätzung von Renate Köhne-Lindenlaub »aus wirtschaftlichen Gründen dringend notwendig« wurde. Fast hundert Jahre gehört das Werk zu den Schmückstücken des Konzerns, bis es unter Begleitumständen stillgelegt wird, die bundesdeutsche Sozialgeschichte schreiben.

Auch in den Essener Kernbetrieben brechen technisch gesehen neue Zeiten an, die allerdings nicht ohne innerbetriebliche Unruhen über die Bühne gehen. Moderne hydraulische Schmiedepressen lösen nun mehr und mehr die alten, lärmenden Hämmer ab, die einst Bertha Krupp das Leben zur Hölle machten. Der Abstieg der altbewährten Feuerarbeiter innnerhalb der Firmenhierarchie, wird dadurch weiter beschleunigt. Das mag zusammen mit der steigenden Arbeitsbelastung eine Rolle gespielt haben, als in den Herdschmieden der Gußstahlfabrik Anfang 1902 Unerhörtes geschieht – jedenfalls für Kruppsche Verhältnisse.

Eine heile Welt gerät in Gefahr

Traditionell war es das Recht der unter erschwerten Bedingungen arbeitenden Schmiedeleute, in der Pause für anderthalb Stunden das Werk zu verlassen und zu Hause in Ruhe Mittag zu essen. Als der zuständige Ressortchef die Pause um eine halbe Stunde verkürzt und das Verlassen des Geländes untersagt, wächst sich der begreifliche Unmut zu einem spontanen Streik aus, mit dem sich nach und nach auch die Arbeiter in anderen Betriebsteilen solidarisieren. Selbst mit Strafversetzungen und Entlassungen, die die Firmenleitung mit Hilfe der Polizei regelrecht inszeniert, läßt sich der Protest nicht ersticken. Die Hoffnung der Arbeiter richtet sich auf den Eigentümer, der zu dieser Zeit auf Capri weilt, seinem geliebten süditalienischen Refugium. Der Appell an die patriarchalischen Instinkte und an die alte Kruppsche Verbundenheit mit den Feuerarbeitern ist nicht völlig vergebens.

Zurückgekehrt nach Essen, empfängt Friedrich Alfred Krupp eine Delegation der Arbeiter auf Villa Hügel. Im Kern bleibt zwar alles so, wie es beschlossen wurde. Doch ungewöhnlich genug: Krupp findet geradezu zornige Worte über den selbstherrlichen Stil, der in der Fabrik eingezogen ist: »Dagegen kann ich mich der Überzeugung nicht verschließen, daß bei der Ein- und Durchführung dieser Änderungen in der Form gefehlt wird, sowohl dadurch, daß die gesetzlichen Bestimmungen nicht aufs peinlichste beachtet werden, als insbesondere auch dadurch, daß der Ton, der gegenüber den Arbeitern angeschlagen wird, oft erheblich zu wünschen übrig läßt.« Und: »Ich mache darauf aufmerksam, daß ich einem Vorgesetzten, der sich im Ton gegenüber einem Arbeiter vergißt, dies weit mehr übelnehme, als einem Arbeiter und ich bei der

Villa Hügel, Wohnsitz und Repräsentationsstätte der Familie Krupp. Großes Haus und Kleines Haus von Nordosten.

nächsten Beschwerde, die mir in dieser Beziehung zu Ohren kommt, darauf bestehe, daß der betreffende Beamte bestraft wird.«

Ob diese Drohung nachhaltig beeindruckt, darf bezweifelt werden. So ehrlich Krupp bemüht sein mag, die »Fabrikgemeinschaft« aufrechtzuhalten, so sehr muß dies angesichts der weiter auseinanderdriftenden wilhelminischen Klassengesellschaft sentimental und beinahe weltfremd wirken. Ungewollt und ironischerweise bestätigt Krupp dies, indem er den Angestellten der Firma ausdrücklich ein höheres Maß an Selbstkontrolle auferlegt. Der Konflikt um die Schmiedearbeiter zeigt: Mit der Fiktion der »heilen« Krupp-Welt, die Alfred mit allerdings eiserner Klammer zu schaffen verstand, ist es vorbei. Die gesellschaftlichen Konflikte machen vor dem Tor der Gußstahlfabrik eben nicht halt. Viele Kruppianer ziehen daraus ihre eigenen Schlußfolgerungen: Spielten die Gewerkschaften bei Krupp bislang kaum eine Rolle, gibt es jetzt nennenswerte Mitgliederzuwächse. »Unsere unfreiwilligen Agitatoren sind doch immer die erfolgreichsten«, höhnt das SPD-Blatt »Weckruf«.

Moral und die Macht der Presse

Margarethe und Friedrich Alfred Krupp mit ihren Töchtern Bertha (l.) und Barbara 1898 auf Capri.

Aus gesundheitlichen Gründen, aber auch um der Verantwortung in Essen ganz einfach zu entfliehen, zieht sich Friedrich Alfred Krupp immer öfter nach Capri zurück. Der Industrielle fällt hier vor allem durch seine Großzügigkeit auf, zu der auch der Bau einer Serpentinenstraße in einen bis dato unzugänglichen Teil der italienischen Insel gehört. Die »Via Krupp«, verfallen und teilweise gesperrt, gibt es noch heute. In diesem Paradies also frönt Fritz, von Jugend an wissenschaftlich interessiert, seiner Liebhaberei, der Tiefseeforschung und der Erforschung der Meeresfauna. Aber es soll da noch andere Liebhabereien geben, und die sind nach dem damaligen Moralverständnis weit weniger harmlos. Krupp, schreibt eine kleine italienische Zeitung, soll in seinem Refugium homosexuelle Kontakte pflegen, und dies auch mit jungen Männern, die noch nicht volljährig sind.

Noch ist es längst nicht so weit, daß sich Nachrichten in Sekundenschnelle um den Erdball verbreiten, noch ist das Privatleben auch prominenter Zeitgenossen eigentlich absolut tabu. Wäre Krupp nicht der berühmte verhaßte »Kanonenkönig«, sondern ein weniger exponierter Industrieller gewesen, alles wäre wohl im Sande verlaufen, zumal Homosexualität in Italien, anders als im Reich, nicht strafbar ist. So aber wird das Tabu zwar zögernd, dann jedoch Stück für Stück gebrochen. Zunächst dauert es Wochen, bis die Boulevardpresse in Rom das Thema aufgreift und die entsprechenden Artikel unter der Hand in Deutschland kursieren. Wieder Monate später tauchen erste, noch namenlose Andeutungen in einem Augsburger Blatt auf, bevor die SPD-Parteizeitung »Vorwärts« am 15. November 1902 unter der ziemlich nichtssagenden Balkenüberschrift »Krupp auf Capri« der Nation die Geschichte auftischt. Ein epochaler Vorgang, auch pressegeschichtlich gesehen. Wohl zum ersten Mal wird ein Mensch aufgrund sehr privater Neigungen Opfer einer neuen Macht – der Massenpresse –, die somit auf ihre Art ein neues, »modernes« Jahrhundert einläutet.

Echte Beweise für Krupps angebliches Fehlverhalten gibt es nicht, allerdings eine Reihe von Indizien. Neben den Zeitungsartikeln kursieren Berichte der Capreser Carabinieri mit belastendem Material. Auch in den einschlägigen Berliner Kreisen soll Krupp kein Unbekannter gewesen sein. Wieviel davon Legende und Gerede, wieviel Wahrheit ist, wird wohl niemals ganz geklärt werden. Tatsache bleibt: Der Skandal ist riesig und Friedrich Alfred Krupp ein gebrochener Mann. Die Dortmunder »Arbeiterzeitung«, die alles nachdruckt, findet in Essen reißenden Absatz. Da Krupp Strafanzeige erstattet, versucht die Polizei die Zeitungen wieder einzusammeln, doch scheint der Erfolg eher gering gewesen zu sein.

Trauer, Bestürzung, Heuchelei

Dem Kaiser sind die Probleme seines wichtigsten Industriellen denkbar unangenehm. Die wilhelminische Männergesellschaft, militärverliebt und zackig, schüttelt sich vor Empörung, allerdings über die SPD und ihre Zeitung, weniger über Krupp, dem man hinter vorgehaltener Hand bestenfalls vorwirft, nicht vorsichtig genug gewesen zu sein. Führenden Figuren der Berliner Militär- und Diplomatenkaste und ihrem Umfeld sind homophile Neigungen nicht gerade fremd, und man hat wohl ein wenig Angst, selbst mit in den Strudel zu geraten. Dazu gibt es indes keinen Anlaß. Auch viele Sozialdemokraten und Redaktionsmitglieder des »Vorwärts« haben das ungute Gefühl, daß hier ohne Not eine Grenze überschritten wurde.

Margarethe Krupp hat bereits nach den ersten, noch anonymen Anschuldigungen die Fassung verloren und muß sich auf heftiges Drängen Friedrich Alfreds – und wohl gegen ihren Willen – vorübergehend in ein Nervensanatorium zurückziehen. Zuvor war sie nach Berlin geeilt, um zum Entsetzen ihres Gatten dem Kaiser in einer Audienz von den Vorgängen zu berichten, was den Gerüchten und Halbwahrheiten weiter Nahrung gab. Sie wird ihren Mann lebend nicht mehr wiedersehen. Eine Woche nach dem Bericht im »Vorwärts« stirbt Friedrich Alfred Krupp im Alter von nur achtundvierzig Jahren. Vier Ärzte attestieren als Todesursache Gehirnschlag, doch wollen Selbstmordgerüchte nie ganz verstummen. Außer Zweifel steht wohl, daß die öffentliche Anprangerung und der frühe Tod kaum zufällig so nah beieinanderliegen – aus welchen Gründen auch immer.

Die Trauer in Essen ist groß – und dies durchaus nicht nur in bürgerlichen Kreisen. Zwar meint Krupp-Archivar Ernst Schröder in einem 1968 erstmals erschienenen Buch: »Die Stadt Essen verdankt ihm mehr, als sie selber weiß«, doch gilt dies wohl eher für die jüngste Vergangenheit, weniger für die Zeitgenossen.

Es war ja auch kaum zu übersehen, daß Friedrich Alfred Krupp vor allem mit den Siedlungen Alfredshof, Friedrichshof und Altenhof »eine ganz neue Note« (Schröder) ins immer noch eher reizlose Stadtbild brachte. Da ist nichts mehr von der nur am Zweckmäßigen orientierten Nüchternheit, wie sie Arbeitersiedlungen bis dato meist auszustrahlen pflegten. Insgesamt gab es 1902 über viertausend Werkswohnungen – nicht genug zwar, aber doch mehr als ein Tropfen auf den heißen Stein. Dank Krupps persönlicher Initiative erhielt Essen 1899 auch erstmals eine halb-öffentliche, nämlich den Kruppianern kostenlos zugängliche Bibliothek, die sich außerordentlicher Beliebtheit erfreute. Nur »auf politisch zu brisante Literatur hatte man verzichtet«, schreibt Else Beitz. Die Gründung einer Haushaltsschule und einer Zahnklinik, die Erweiterung des firmeneigenen Krankenhauses, Zuwendungen für Pensions- und Unterstützungskassen, Bau von Kasinos, Erholungshäusern, schließlich die Stiftung von Stipendien für Kinder von Werksangehörigen – eine unvollständige Aufzählung dessen, was Friedrich Alfred Krupp in vierzehn Jahren als Firmenchef an sozialen Einrichtungen geschaffen hat.

Die Stadt Essen und ihr wichtigster Arbeitgeber, fotografiert um die Jahrhundertwende vom Rathausturm.

Friedrich Alfreds wissenschaftliches Interesse war eine der Voraussetzungen für die Entwicklung legierter Stähle, die für Krupp so wichtig werden sollten. »In der Großzügigkeit und dem Weitblick der Entscheidungen beim Ausbau des Unternehmens ging er über seinen Vater hinaus«, urteilt Renate Köhne-Lindenlaub. Auch wenn ihm die Hochkonjunktur der neunziger Jahre natürlich zugute kam, so bleibt doch festzuhalten, daß sich die Belegschaft unter seiner Führung verdoppelte und in seinem Todesjahr 43.000 Mitarbeiter zählte, der Umsatz sich gar vervierfachte. Dennoch wäre seinem Wesen ein Leben als geselliger Privatier und Förderer der Wissenschaft womöglich näher gekommen. Die Prägung durch seinen Vater und nicht zuletzt die von Pflichtversessenheit durchdrungene Frau an seiner Seite machten dies jedoch unmöglich.

Das Vermächtnis des Friedrich Alfred Krupp

Die beliebte Frage: »Was wäre, wenn ...?« ist eigentlich müßig, doch man darf schon annehmen, daß sich Wilhelm II. nicht so vorbehaltlos hinter Krupp gestellt haben würde, wenn dieser nicht durch seinen Tod dem weiteren Fortgang des Skandals den Boden entzogen hätte. So aber erlebt Essen, daß der Kaiser bei Regenwetter und zu Fuß dem Sarg eines Bürgerlichen folgt, den er als seinen »Freund« bezeichnet. Der düstere Trauerzug beginnt am Stammhaus, wo Krupp aufgebahrt wird, und endet zwei Kilometer weiter auf dem Friedhof am Kettwiger Tor. Vor der Abreise nutzt Wilhelm die Gelegenheit zur Generalabrechnung mit der Sozialdemokratie: »Wer nicht das Tischtuch zwischen sich und diesen Elenden zerschneidet, lädt moralisch Mitschuld auf sein Haupt.«

Trauerzug in der Altendorfer Straße anläßlich der Beisetzung von Friedrich Alfred Krupp am 26.11.1902. Vorn im hellen Mantel Kaiser Wilhelm II. Links die Halle der 8. Mechanischen Werkstatt, die noch heute steht.

Friedrich Alfred hinterläßt zwei Töchter: die sechzehnjährige Bertha und die ein Jahr jüngere Schwester Barbara. Die testamentarischen Bestimmungen von Alfred Krupp sind für die folgenden zwei Generationen verbindlich, so daß Bertha allein die Firma erbt und bis zur Volljährigkeit von ihrer Mutter vertreten wird. Es ist klar, daß dies kein Dauerzustand sein kann, denn eine Frau an der Spitze eines solchen Unternehmens wäre für die Zeitgenossen jenseits aller Vorstellungskraft gewesen.

In seinem eigenen Testament hat der Verstorbene empfohlen, daß die Firma in eine Aktiengesellschaft umgewandelt werden soll, was auch geschieht. Die Eröffnungsbilanz ergibt ein Stammkapital von 160 Millionen Reichsmark. Die Besitzverhältnisse bleiben dieselben, und an der Börse gehandelt werden die Aktien auch nicht. Bei nachlassendem Engagement der Familie, das nun unvermeidlich ist, sowie aus steuerlichen Gründen erschien Friedrich Alfred Krupp die AG-Gründung als beste Lösung. Margarethe Krupp hat zwar durchaus Interesse am Firmengeschehen, doch überläßt sie Geschäfte und Finanzen ganz dem Direktorium. Die beständige Hochkonjunktur bringt es mit sich, daß vorerst ohnehin keine bahnbrechenden, geschweige denn schwierigen Entscheidungen anstehen. Das Unternehmen braucht nicht mehr zwingend die Impulse eines genialen Eigentümer-Unternehmers.

Geschoßdreherei, 1906.

Ruhige Jahre

In jeder Firma gibt es Phasen, in denen die Innovationskraft erlahmt. Auch Krupp, reich und mächtig geworden, ist da keine Ausnahme. Schon vor der Jahrhundertwende hatte der Ingenieur Heinrich Ehrhardt aus dem benachbarten Düsseldorf ein Geschütz zur Serienreife gebracht, dessen Lafette nach dem Feuern nicht mehr zurückspringt und mühselig neu ausgerichtet werden muß, sondern den Rückstoß im Rohr auffängt. Damit ist es den Krupp-Kanonen an Feuergeschwindigkeit begreiflicherweise überlegen. Ein Imageverlust für den erfolgsgewohnten Essener Konzern, den man sich bemüht auszubügeln. Krupp ahmt das Prinzip des Rohrrücklaufs ganz einfach nach, muß sich den Markt für bestimmte Kaliber allerdings nun mit Ehrhardts Firma Rheinmetall

Gustav
Krupp von Bohlen
und Halbach
(1870 – 1950),
1906.

teilen. Das ist insofern zu verschmerzen, als man die Aktienmehrheit des kleinen Konkurrenten erwirbt.

Es sind ruhige Jahre, die nun folgen. Noch ist es auch einer Millionenerbin möglich, eine ganz normale, durchaus unspektakuläre Jugend zu erleben, eine Zeit, die auch den Besuch einer Hauswirtschaftsschule in Baden-Baden einschließt. Man darf annehmen, daß es dort für die Krupp-Töchter nicht übermäßig privilegiert zugegangen ist. Margarethe erzieht ihre Kinder mit jener Strenge, die sie in ihrem eigenen preußischen Elternhaus als das Maß aller Dinge kennenlernte. Den jetzt sprunghaft wachsenden Reichtum einfach nur zu genießen kommt nicht in Frage. Pflicht ist das Wort, um das sich vieles dreht. Andererseits gibt es auch Sport, Theater und fröhliche Spiele, woran im Hügel-Park noch heute ein Spielhaus, das sogenannte »Spatzenhaus«, erinnert.

Insgesamt elfmal wird Wilhelm II. die imposante Villa Hügel besuchen, und der Legende zufolge ließ er bei der ersten Visite ein gut berlinerisches »Unjlaublich!« verlauten. Er bleibt nicht der einzige, der sich beeindrucken läßt. Die Villa – eine Bezeichnung, die stark untertrieben erscheint – ist um die Jahrhundertwende einem regelrechten Hofstaat gleichzusetzen, der fünf- bis sechshundert Menschen Arbeit bietet. Als Repräsentationsobjekt und als steinernes Symbol für Macht und Reichtum des Hauses Krupp ist die schloßartige Anlage unübertroffen. Friedrich Alfred war es immerhin gelungen, der kalten Pracht, die der Vater hinterlassen hatte, ein wenig mehr Wohnlichkeit hinzuzufügen. Bei alldem spielten Kosten kaum eine Rolle. Schätzungen gehen dahin, daß der laufende Betrieb der Villa pro Jahr etwa ein Prozent des Firmenumsatzes erforderte – gut angelegtes Geld, denn der geschäftsfördernde Mythos Krupp hängt nicht zuletzt mit diesem Haus zusammen. Es ist denn auch gewiß kein Zufall, daß Villa Hügel zum unteilbaren Fabrik- und nicht zum Privatvermögen gehört. Ein kluger Schachzug, denn bei mehreren Erben könnten sonst in bezug auf das Haus unklare Besitzverhältnisse auftreten.

Zarte Bande und straffes Regiment

Auf einer Rom-Reise lernt Bertha 1906 den sechzehn Jahre älteren Diplomaten Gustav von Bohlen und Halbach kennen, der bei der deutschen Gesandtschaft im Vatikan arbeitet. Noch im selben Jahr ist Hochzeit. Ein Anlaß, den Wilhelm II. wichtig genug findet (»Meine Tochter«, nennt er Bertha), um erneut nach Essen zu reisen. Der Ungezwungenheit und Fröhlichkeit ist die Anwesenheit des Kaisers allerdings etwas abträglich. Im Gepäck hat der Regent eine Urkunde, die es Gustav von Bohlen und Halbach sowie dem jeweils erstgeborenen männlichen Nachfolger gestattet, den Namen Krupp vor den eigenen zu stellen. Die Sondergenehmigung ermöglicht es, daß Firma und Eigentümerfamilie auch nach außen weiter als Einheit auftreten können.

Trotz seines adeligen Namens stammt der Bräutigam aus finanziell eher bescheidenen Verhältnissen. Die Familie hat Wurzeln im Bergischen Land und in den USA; Kaufleute, Diplomaten und sogar ein leibhaftiger General aus dem amerikanischen Bürgerkrieg gehören zu seinen Vorfahren. Eine Herkunft, die nicht recht zum engen und gar nicht weltoffenen Wesen Gustavs passen will. Es ist ihm jedenfalls nicht in die Wiege gelegt worden, eines Tages den größten europäischen Industriekonzern zu leiten.

»Taffy«, so der Spitzname des promovierten Juristen, muß sich wohl oder übel auch mit dem »Prinzgemahl«-Spott herumschlagen. Nun ist er ein Krupp, und alle Welt wartet gespannt, wie er die neuen, für ihn ungewohnten Aufgaben bewältigt. Seine begreifliche Unsicherheit, seinen übergroßen Respekt vor dem bedeutenden Namen kaschiert er, indem er Kühle und Unnahbarkeit um sich verbreitet. Als Pflichtmenschen und »Fanatiker der

Ordnung« skizziert ihn selbst ein so wohlgesonnener und taktvoller Krupp-Biograph wie Gert von Klass. War schon bisher ein geordneter Tagesablauf für den Hügel kennzeichnend, so zieht jetzt die erbarmungslose Herrschaft der Uhr ein. Gustav Krupp von Bohlen und Halbach zwängt sich selbst und seine rasch wachsende Familie in ein Korsett, das die Freiheit einschränkt, jedoch Sicherheit bietet.

Unzählige Anekdoten kursieren. Da sind die minutiös geplanten Geschäftsessen, bei denen derjenige, der hinter dem Speisetempo des Hausherrn zurückbleibt, den noch halbvollen Teller von Dienern weggerissen bekommt; der nächste Gang kann schließlich nicht warten. Da ist der lauwarme Mokka, der deshalb nicht heiß sein darf, damit die Gäste ihn schnell trinken können und nicht durch allzu langes, dann allerdings schuldloses Verweilen den geheiligten Zeitplan durcheinanderbringen. Kommen abends Gäste, die nicht von sich aus Anstalten machen, zeitig den Heimweg anzutreten, nähert sich um kurz vor 22 Uhr ein Bediensteter: »Ihr Wagen wartet vor dem Haupttor.« Gustav hat nämlich die eiserne Gewohnheit, um Punkt Viertel nach zehn ins Bett zu gehen. Einmal, so wird berichtet, sei die Hausordnung aus den Fugen geraten, als Oskar von Miller, der Gründer des Deutschen Museums in München, auf dem Hügel zu Gast ist. »Ich geh' heim, wenn's mir paßt«, soll er knurrend und im schönsten bayerischen Dialekt dem mahnenden Diener beschieden haben.

Gustav und Bertha Krupp von Bohlen und Halbach mit ihrem 1907 geborenen ersten Kind Alfried, dem späteren Konzernerben.

Im Privatleben setzt sich dieser freudlose Pedantismus nahtlos fort. 1907, ein gutes dreiviertel Jahr nach der Hochzeit, kommt der Sohn und spätere Konzernerbe Alfried auf die Welt, ein Jahr darauf Arnold, der allerdings schon 1909 stirbt. Es folgen Claus (1910), Irmgard (1912), Berthold (1913), Harald (1916), Waldtraut (1920) und Eckbert (1922). Die bildhübsche Kinderschar wächst in

Die Kinder von Bertha und Gustav Krupp von Bohlen und Halbach, 1918. Von links: Harald, Irmgard, Claus, Alfried, Berthold.

einem Mikrokosmos auf, in dem es an nichts fehlt, außer an selbstverständlicher Ungezwungenheit im Umgang zwischen den Eltern und ihrem Nachwuchs. Eine Erziehung, die sicherlich in ihrem Zeitkontext zu sehen ist und die gleichwohl Folgen haben mußte: »Keines der Kinder, die auf dem Hügel aufgewachsen waren, war fähig, über seine Gefühle zu reden«, berichtet später Waldtrauts Tochter Diana Maria Friz. Der Mann, dem dieses strenge Regiment ein Herzensanliegen ist, dem zum Unternehmer das kreative Element zu fehlen scheint, wächst nun Stück für Stück in die Verantwortung für eine Weltfirma hinein, offiziell zunächst als stellvertretender Vorsitzender des Aufsichtsrats.

Die nervöse Großmacht

In der Gußstahlfabrik ist man dabei, die Stahlqualität für die traditionellen Produkte weiter zu verbessern. Nicht nur, aber auch das für die damalige Rüstungswirtschaft eigentümliche »Hochschaukeln« von Angriffs- und Verteidigungswaffen bietet dafür den Hintergrund. Kaum gibt es neue Panzerplatten, werden Kanonen und Granaten entwickelt, die sie doch durchschlagen, was wieder neue Stahllegierungen für verbessertes Defensivgerät erfordert, was erneut den Ehrgeiz der Geschützkonstrukteure anstachelt. Eine Spirale, die theoretisch gegen »unendlich« tendiert, an der sich zweifellos prächtig verdienen läßt und die gerade der Firma Krupp natürlich viel Kritik einträgt.

Die Frage steht im Raum: Ist Krupp ein verantwortlicher Kriegstreiber? Der Historiker Klaus Tenfelde hat die Frage aufgeworfen, ob sich denn in der außenpolitisch aufgeheizten Atmosphäre zu Anfang des Jahrhunderts – außer bei Fensterreden – wirklich breite Kreise der allgemeinen Stimmung entzogen hatten. Die Antwort

Bau eines Geschützturms in der 4. Mechanischen Werkstatt, 1906.

ist nein. »Über den Militarismus der kleinen Leute oder die umständlich versteckte Militärbegeisterung mancher sozialdemokratischer Führer« – zu denken sei etwa an August Bebel – dürfe nicht hinweggesehen werden. Den Krupps im nachhinein vorzuwerfen, der weitverbreiteten »Krieg in Sicht«-Euphorie keinen Pazifismus entgegengesetzt zu haben, beweist da in der Tat wenig historisches Einfühlungsvermögen. Tenfelde: »Im Zeitalter des Imperialismus wäre eine unternehmerische Moral der Rüstungsvermeidung absurd erschienen, auch und gerade, weil es im Deutschen Reich eine Fundamentalopposition gab, die sich dem Motto ›Krieg dem Kriege‹ verschrieben hatte und die sich dennoch am 4. August 1914 nicht versagte.« Gemeint ist die Bewilligung der Kriegskredite im Reichstag, unter anderem mit den Stimmen der SPD.

Deutschland, die nervöse Großmacht, schliddert – dilettantisch geführt – in den Jahren vor der Katastrophe von einer diplomatischen Ungeschicklichkeit in die nächste. Auch Krupp bekommt die wachsende außenpolitische Isolierung des Reiches zu spüren. Nicht zufällig gehen der Firma in der Rüstungssparte jetzt wichtige Auslandsmärkte zugunsten der traditionellen Konkurrenten aus Frankreich und England verloren. Ein möglicher Krieg löst indes kaum Erschrecken aus. Die Bilder, die Volk und Führung für den Ernstfall im Kopf haben, orientieren sich stark am romantisch verklärten Waffengang gegen Frankreich 1870/71. Noch ahnt kaum jemand etwas vom namenlosen Sterben und gar nicht ritterlichen Elend der Materialschlachten. Man will nicht wirklich zur Kenntnis nehmen, daß die Technik inzwischen vierzig Jahre weiter ist, daß alle Großmächte Waffen in einer Qualität und Anzahl besitzen, die jeden Vergleich verbietet. Kitschige Romantik und hochentwickelte Technik – das Gegensatzpaar der Wilhelminischen Epoche ist nicht unter einen Hut zu bringen und verkleistert den Zeitgenossen den klaren Blick, bis in den Schützengräben das böse Erwachen kommt.

Kitschiges Schauspiel und denkwürdige Stiftung

Wie groß die Sehnsucht nach Kitsch ist, beweist auch die Firma Krupp, als sie 1912 eine aufwendige Feier zum hundertjährigen Bestehen ausrichtet. Interessanterweise wählt man als Bezugspunkt nicht die eigentliche Gründung, die ja bereits 1811 war, sondern den Geburtstag Alfreds im Jahre 1812. Mit ihm glaubt man wohl mehr Ehre einlegen zu können. Höhepunkt der tagelangen Feierlichkeiten soll ein pompöses Ritterspiel sein, für das der Hügel-Park in eine mittelalterliche Arena verwandelt wird. Pferde, Kostüme, Ritterrüstungen, viele hundert Schauspieler und Komparsen – es mangelt an nichts, damit alles auch »echt« wirkt. Man darf einmal die abgedroschene Phrase verwenden, daß sich der bürgerstolze Alfred Krupp im Grabe umgedreht hätte. »Jede Zeit schreibt sich ihre Satiren selbst«, merkt Gert von Klass lakonisch an. Gustav und Bertha finden es keineswegs unter ihrer Würde, den Mummenschanz höchstpersönlich mitzumachen,

Kaiser Wilhelm II.
besucht 1912
anläßlich der
Hundertjahr-
feier der Firma
Krupp die
Gartenvorstadt
Margarethen-
höhe. Neben ihm
Gustav Krupp
von Bohlen
und Halbach.

dem Wilhelm II. als Ehrengast bereits gespannt entgegensieht. Von Seiner Majestät ist ja bekannt, wie gerne er sich in historische Kostüme wirft und sich darin sogar noch fotografieren läßt.

Kurz vor dem Startsignal schlägt – makabre Ironie – die rauhe Wirklichkeit des Industriezeitalters in Gestalt eines Telegramms ein. Auf Zeche Lothringen in Bochum-Gerthe, die nicht zum Kruppschen Bergwerksbesitz gehört, hat sich eine der folgenschwersten Schlagwetterexplosionen in der Geschichte des Ruhr-Bergbaus ereignet. Hundertzwölf Tote sind zu beklagen. Aus Gründen der Pietät sagt man das Ritterspiel ab – zur Erleichterung manch nüchtern denkenden Kopfes auch in der Krupp-Chefetage, die derlei Geschmacklosigkeiten als zum Firmennimbus wenig passend empfinden, es dem Inhaber aber nicht ausreden konnten.

Wie so oft liegen Licht und Schatten bei Krupp eng beieinander. Denn ungefähr zur gleichen Zeit werden in Essen die Konturen eines Wohnbauprojekts sichtbar, das neue Maßstäbe setzt und das es ohne Krupp nicht gäbe. Aus Anlaß der Hochzeit ihrer Tochter hatte Margarethe Krupp 1906 eine Stiftung begründet, als deren Auftrag die weitere Verbesserung der Wohnverhältnisse festgelegt wurde. 50 Hektar Land und eine Million Mark stellt sie dafür zur Verfügung. Im Unterschied zu den herkömmlichen werkseigenen Häusern, in die nur Kruppianer einziehen können, sollten die Wohnungen der Margarethe-Krupp-Stiftung für Wohnungsfürsorge prinzipiell auch anderen Essener Bürgern offenstehen, was auch geschieht. Selbst in den Anfangsjahren verdienen weniger als die Hälfte der Mieter ihr Geld bei Krupp. Voraussetzung ist nur, daß man den »minderbemittelten Klassen« angehört, womit nicht Ärmlichkeit gemeint ist, sondern das finanzielle Unvermögen, aus eigener Kraft Hauseigentum zu erwerben. Vom Beginn des ungebundenen sozialen Wohnungsbaus zu sprechen ist daher nicht übertrieben.

Das »Turmhaus«, die Verwaltungszentrale in der Altendorfer Straße, erbaut 1912, abgerissen 1976. Hinter dem Erker im 1. Obergeschoß lag das Büro von Gustav Krupp von Bohlen und Halbach.

Zu Ehren der Stifterin bestimmt die Stadtverordnetenversammlung 1911, daß Siedlung und Stadtteil den Namen »Margarethenhöhe« tragen sollen. Das Besondere ist die städtebauliche Anlage, die Architektur der Häuser und die preiswerte und doch solide Bauausführung, die niedrige Mieten zur Folge hat. All dies ist das Werk des Darmstädter Reformarchitekten Georg Metzendorf, der sich schon früh mit dem Problem beschäftigte, wie ästhetisch befriedigende und bezahlbare Lösungen für die Wohnbedürfnisse der industriellen Massengesellschaft aussehen könnten. Von den engen Bestimmungen des Baugesetzbuches ist Metzendorf auf Regierungserlaß befreit, was experimentelles, ganz an der Aufgabe orientiertes Bauen ermöglicht. Bis heute gilt die Gartenstadt Margarethenhöhe als überaus gelungenes Beispiel für eine Siedlung mit menschlichem Maß.

Wachstum ins Gigantische

Obwohl Margarethe Krupp ebenso wie ihre Tochter und ihr Schwiegersohn hier und bei anderen wohltätigen Gelegenheiten ihr Privatvermögen einsetzen, ist die Fortsetzung des Kruppschen Sozialwerks letztlich nur möglich, weil die Firma floriert. Sie ist am Vorabend des Ersten Weltkriegs ins Gigantische gewachsen. Allein die Essener Gußstahlfabrik hat eine Fläche erreicht, die das Siebenfache des alten Stadtkerns umfaßt. Hinzu kommen die großen Zweigwerke in Duisburg, Magdeburg und Witten-Annen, die Germaniawerft in Kiel, diverse Zechen, Eisenerzgruben und kleinere Verarbeitungsbetriebe. Klaus Tenfelde hat hierzu einige Daten zusammengestellt, die hier wörtlich wiedergegeben werden: »Am 1. Januar 1912 befand sich eine Grundfläche von 1895 Hektar (Gußstahlfabrik allein: 480 Hektar) im Firmenbesitz, wovon 166

Abnahme von Geschützen durch eine belgische Militärdelegation auf dem Schießplatz in Essen, 1910.

Hektar (93 Hektar) überbaut waren. An verschiedenen Standorten, jedoch nicht mehr bei der Gußstahlfabrik, betrieb Krupp 580 Koksöfen, die 1911 [exakt] 947.000 Tonnen Koks und nebenbei 22 Millionen Kubikmeter Leuchtgas produzierten. Das firmeneigene Eisenbahnnetz machte 186 Kilometer aus und wurde mit 106, zum Teil schmalspurigen Lokomotiven betrieben. Die Eisensteingruben förderten 1911 [exakt] 1,143 Millionen Tonnen an Erzen, die Kohlenzechen 2,6 Millionen Tonnen Kohle. Die Werke verbrauchten im selben Jahr 0,9 Millionen Tonnen Roheisen, 1,4 Millionen Tonnen Kohle, 1,3 Millionen Tonnen Koks und 2,3 Millionen Tonnen Erz, wovon 1,4 Millionen Tonnen ausländischen Gruben entstammten. In den Jahren vor Kriegsausbruch lebten unmittelbar von der Firma 250.000 Menschen, davon allein in Essen deutlich mehr als die Hälfte.«

Der Umsatz beträgt im Geschäftsjahr 1912/13 mehr als 430 Millionen Reichsmark, wovon 30 Prozent auf Kriegsmaterial entfallen – letzteres entspricht in etwa dem langjährigen Mittelwert. Mit der sensationellen Marktreife der nichtrostenden Stähle, an deren Entwicklung die Forschungsabteilung unter dem tüchtigen Benno Strauß drei Jahre arbeitet, zeigt die Firma endlich auch wieder, daß sie zu innovativen Leistungen in der Lage ist. Krupp ist auf der Höhe seiner wirtschaftlichen Macht und seines Ansehens angekommen. Und dennoch ist nicht alles Gold, was glänzt.

Dämonisierung

Zu den schillerndsten und umstrittensten Persönlichkeiten, die es je zur Stellung eines leitenden Krupp-Angestellten brachten, gehört Wilhelm Muehlon. Eigentlich Nachwuchs-Diplomat im Auswärtigen Amt, kommt er 1908 als Dreißigjähriger nach Essen, um befristet als Direktionsassistent zu hospitieren. Gustav Krupp von Bohlen und Halbach, der ja aus dem diplomatischen Dienst kam, nutzt das Außenamt als Talentschmiede für höhere Weihen in seiner Firma. Muehlon scheint er besonders geschätzt zu haben, obwohl ihm dessen kritische linksliberale Gesinnung kaum entgangen sein kann. Denn atemberaubend schnell macht der junge Jurist Karriere und wird schon 1913 Direktor an exponierter Stelle. Ein Pazifist als kaufmännischer Leiter des Waffenressorts – nicht nur Generalfeldmarschall Hindenburg wundert sich später, wie es dazu kommen konnte.

Muehlon schätzt auch nach seinem Ausscheiden, das er bei Kriegsbeginn 1914 offenbar gegen den Willen des Firmenchefs förmlich erzwingen muß, die persönliche Integrität Gustavs durchaus hoch ein. Er berichtet allerdings später in persönlichen Aufzeichnungen über ein ausgeprägtes Bestechungs- und Schmiergeldsystem, das vor allem die Krupp-Vertreter im Ausland kultivierten, um trotz der harten Konkurrenz mit französischen und englischen Firmen Waffen verkaufen zu können. Auch wenn Muehlon nicht in jedem Punkt glaubhaft wirkt: Die Würde, mit der Krupp bei vielen offiziellen Anlässen aufzutreten pflegt, findet im alltäglichen Kampf um genügend Aufträge mit Sicherheit nicht immer ihre Entsprechung. Eine gewisse amtliche Bestätigung erhielten Muehlons Behauptungen schon 1913 durch einen Prozeß, den der SPD-Reichstagsabgeordnete Karl Liebknecht ins Rollen bringt. Das zuständige Gericht stellt schließlich fest, daß der Berliner Krupp-Vertreter Maximilian Brandt gegen entsprechende Zuwendungen über Jahre aus dem Kriegsministerium Unterlagen mit geheimen Konstruktionsplänen und vor allem den Preisen der Konkurrenz erhalten hat. Brandt und die Militärangehörigen, die die Hand aufhielten, kommen mit kurzen Gefängnisstrafen, der Krupp-Direktor Eccius mit einer Geldstrafe davon. Kein Ruhmesblatt in der Kruppschen Geschichte.

Die Krupp-Werke aus der Vogelschau, gemalt 1912.

Der Moralist Muehlon ist dennoch fair genug, um einzuräumen, daß andere Unternehmen und namentlich auch Krupps Konkurrenten auf dem Weltmarkt nicht anders handeln. Aber wer wollte das später wirklich wissen? Diejenigen Autoren, die ganz dem Negativ-Mythos Krupp verfallen sind – Bernhard Menne, William Manchester und auch Bernt Engelmann –, jedenfalls nicht. Für sie war klar, daß Krupp offenbar alle Mittel recht sind, um die Welt ins Unglück zu stürzen.

Schon seit der Jahrhundertwende hat der Trend, das Essener Unternehmen und ihre Eigentümer international zu dämonisieren, gefährliche Ausmaße angenommen. H. G. Wells, der vielbeachtete englische Autor und Essayist, wußte schon vor Beginn

des Ersten Weltkriegs, wer am Dilemma schuld ist: »Der Kruppis-
mus, dieser schmutzige, gewaltige Handel mit den Werkzeugen
des Todes.« Die politische Linke baut sich einen Sündenbock auf,
der scheinbar erklärlich macht, weshalb die Welt nicht so human
und gerecht ist, wie sie theoretisch doch längst sein müßte. Noch
kann Krupp dies nicht wirklich etwas anhaben. Aber was, wenn
Deutschland überzieht und seine – trotz gewisser Einkreisungs-
tendenzen der anderen Mächte – immer noch gesicherte Stellung
durch eigene Schuld verspielt?

Der Umsatz von Rüstungsgütern steigt

Seinem Kaiser und dem monarchischem Prinzip ist Gustav Krupp
von Bohlen und Halbach mindestens ebenso verbunden, wie es
sein verstorbener Schwiegervater war. Aus Gründen der Herkunft
und der ganzen Charakteranlage ist er zu nichts anderem in der
Lage. Als im August 1914 nach dem Ultimatum der Mittelmächte
an Serbien der Erste Weltkrieg ausbricht, ist es für ihn daher
Ehrensache, daß er den Staat nicht hängenläßt. Das, obwohl
absehbar ist, daß die hektische, mit hohen Investitionen verbundene Ausweitung der Waffenproduktion selbst nach einem deutschen Sieg betriebswirtschaftlich nur unter hohen Verlusten auf
Friedensbedarf umzustellen sein wird. Ob er wirklich, wie es Wilhelm Muehlon behauptet, schon Monate vorher vom Kaiser den
Termin für den Beginn der Feindseligkeiten genannt bekommt, ist
sehr unwahrscheinlich. Einen Beleg dafür gibt es jedenfalls bis
heute nicht. Es ist vielmehr so, daß in den Essener Kanonenwerkstätten ohne allzu große Eile an einigen Neuentwicklungen gearbeitet wird, die das deutsche Heer in den folgenden Wochen und
Monaten gut gebrauchen könnte, aber eben nicht hat. Sicher ist
hingegen, daß Gustav sich zunächst wie so viele andere an der For-
mulierung maßloser Kriegsziele beteiligt, zu denen – nicht zuletzt
aus wirtschaftlichen Gründen – etwa die Annexion Belgiens und
großer Teile Frankreichs gehört. Kaum jedoch glauben die »All-
deutschen«, in ihm einen wichtigen Fürsprecher ihrer Pläne gefunden zu haben, schwenkt er auf die eher gemäßigte Linie des
Reichskanzlers Theobald von Bethmann Hollweg ein.

Der berühmte
42-Zentimeter-
Mörser,
die »Dicke Berta«,
in Schußposition
vor der belgi-
schen Festungs-
stadt Lüttich.

Im Sommer 1914 sieht sich die Gußstahlfabrik mit den vorhandenen Mitarbeitern und Maschinen pro Monat zu folgendem
Ausstoß in der Lage: vier schwere Geschütze, 280 leichte und mitt-
lere Kanonen, 150.000 Granaten und 230.000 Zünder. Eine
Erweiterung der Fabrik erscheint zunächst unnötig. Man rechnet
mit einem kurzen Krieg, und die ersten Siege scheinen diese
Erwartung zu bestätigen. Der 42-Zentimeter-Mörser von Krupp,
die berühmte »Dicke Berta«, trägt entscheidend dazu bei, die
Festungsanlagen von Lüttich zu zerstören und den weiteren Vor-
marsch in Belgien zu ebnen. »Auf Wiedersehen in Paris«, kritzeln
die deutschen Soldaten in Siegerlaune auf die Eisenbahnwaggons,
mit denen sie zur Front gebracht werden.

Schon nach wenigen Monaten bleibt der Angriff im Stellungs-
krieg stecken. Nun drängen die Militärs auf mehr »Material«.
Weder Krupp noch Rheinmetall, weder der Bochumer Verein noch
die Dillinger Hütte, weder MAN noch AEG, weder BASF noch die
vielen kleinen Geschoß- und Pulverfabriken lassen sich lange bit-
ten. Bei Krupp, schon vorher das mit Abstand größte Unternehmen, wird ab Januar 1915 »wie in Siedehitze« (Tenfelde) eine
Halle nach der anderen aus dem Boden gestampft. Finanziell ist
das zunächst kein Problem, denn das Kriegsministerium gibt
natürlich jetzt Abnahmegarantien, nimmt dafür nahezu die gesamte Produktion in Beschlag. Der Wirtschaftshistoriker Lothar
Burchardt hat errechnet, daß Krupp im Vergleich zu 1914 gegen

Kriegsende das Vierfache an Zündern, das Fünffache an Kanonen und das Neunfache an Geschossen ausstößt. In Kiel auf der Germaniawerft laufen einige kleinere Kriegsschiffe vom Stapel, außerdem knapp die Hälfte der insgesamt zweihundert deutschen U-Boote. Der Anteil der Rüstungsgüter am Umsatz des Essener Konzerns steigt erst auf 50 Prozent, um sich dann vier Geschäftsjahre lang bei 80 Prozent einzupendeln. Jedes dritte Geschütz und 10 Prozent der von den deutschen Militärs verschossenen Munition – das sind rund 63 Millionen Granaten – stammen von Krupp.

»Arbeit-Geber« Krieg

Mit den Stammarbeitern ist das nicht zu schaffen, zumal viele ohnehin einrücken müssen. Zunächst wird der Essener Arbeitsmarkt abgegrast, doch ist der rasch erschöpft. Im Laufe des Krieges füllen dann 7500 freiwillige Arbeitskräfte aus dem Ausland, vorwiegend aus Belgien, Holland und Polen, einen Teil der Lücken auf. Wichtiger noch sind die Frauen, die vor allem in den Geschoßdrehereien arbeiten: 25.000 sind gegen Kriegsende in der Gußstahlfabrik beschäftigt – ein ungewohntes Bild in der Männerwelt der Schwerindustrie. Ingesamt strömen 1918 Tag für Tag 117.000 Menschen durch die Werkstore. Unterkunft und Verpflegung der Aushilfskräfte, die ja in Essen in der Regel keine Wohnung haben, werfen enorme logistische Probleme auf und verursachen hohe Kosten. Hinzu kommen freiwillige soziale Aufwendungen wie Unterstützungszahlungen für Kruppianer-Familien, deren Ernährer eingezogen wurden.

Noch ein zweites Mal nach der »Dicken Berta« sorgt Krupp, rein kriegstechnisch betrachtet, für Aufsehen. Dem Chefkonstrukteur Rausenberger gelingt es 1918, ein langgezogenes Rohr zu konstruieren, mit dem aus 120 Kilometern Entfernung der Beschuß von Paris möglich ist. Die erste Granate explodiert mitten auf der Place de la République. Genau 452mal nehmen die acht gleichartigen Geschütze die französische Hauptstadt unter Feuer, was Tote und Verletzte unter der Zivilbevölkerung fordert, militärisch aber gar keinen Sinn macht. Die teure Prestigewaffe – jeder Schuß soll statistisch 35.000 Mark gekostet haben – schürt nur den Haß auf Deutschland – und natürlich auf Krupp.

Die Frage der Kriegsgewinne hat kritische Zeitgenossen und spätere Krupp-Historiographen nicht wenig beschäftigt. Weil hier vieles im Zusammenhang bedacht werden muß, sind die meisten Urteile mit Vorsicht zu genießen. »Halbwahrheiten und freie Spekulation, an denen das Schrifttum zur Kruppschen Firmen- und Familiengeschichte so reich ist«, meint Lothar Burchardt, der eine betriebswirtschaftlich fundierte Studie zum Thema vorgelegt hat. Anders als zuvor oft unterstellt, hat Krupp von Bohlen und

Der letzte Besuch in Essen: Kaiser Wilhelm II. im Jahre 1918 im Gespräch mit einem Arbeiter.

Halbach dem Direktorium untersagt, der Versuchung extremer Gewinnzuschläge nachzugeben. »Preisbestimmung nur nach Maßgabe normaler Gewinnzuschläge der Friedenszeit«, heißt es in einer Anweisung. Die bestimmenden Charakterzüge Bohlens lassen es unwahrscheinlich erscheinen, daß die Dinge stillschweigend anders gehandhabt wurden. Diesem kaisertreuen und überkorrekten Mann traut man derlei Kaltschnäuzigkeit in einer solchen Situation einfach nicht zu, zumal dies ja der Regierung und dem verehrten Kaiser kaum entgangen wäre.

Nun wird dennoch niemand behaupten wollen, Krupp habe im Krieg zunächst nicht gut verdient. Burchardt hat errechnet, daß die Firma während der vier in Frage kommenden Geschäftsjahre inflationsbereinigt zusammen 265 Millionen Mark und damit etwa 11,3 Prozent vom Umsatz als echten Reingewinn verbucht. Im Vergleich mit anderen Großunternehmen und vor allem den eigenen kriegsbedingten Brutto-Investitionen von 630 Millionen Mark ist dies andererseits nicht übermäßig viel. Bei der Essener Firma kommt die Besonderheit hinzu, daß die Dividendenzahlung an die Aktionäre, also an die Familie Krupp, im Vergleich ungewöhnlich gering bleibt. Der Aufsichtsrat entscheidet vielmehr, im Hinblick auf die absehbar schwierige Nachkriegszeit hohe Sonderrücklagen zu bilden – die dann dennoch in den ersten Friedensmonaten fast komplett aufgezehrt werden.

NEUORIENTIERUNG UND KRISE
1918 – 1933

Am 8. November 1918 – der Krieg ist für Deutschland verloren, die Revolution in vollem Gang – trifft in Essen die Nachricht ein, daß der zusammengebrochene Staat alle Aufträge mit sofortiger Wirkung storniert. Gustav Krupp von Bohlen und Halbach reagiert, indem er den Riesenorganismus über Nacht komplett stillegt. Es muß eine seltsam bleierne Stimmung über Essen gelegen haben, als am 9. November zum ersten Mal seit den Anfängen der Fabrik in den Kruppschen Werken einfach nichts produziert wird. Was nun anstellen mit den 117.000, die alle zwei Wochen mehr als 13 Millionen Mark Lohn beanspruchen können? Aus Berlin kommt die naive Anweisung, sie »irgendwie« weiterzubeschäftigen. Aber wer will hier eigentlich wen mit welcher Legitimation noch anweisen?

Bertha Krupp von Bohlen und Halbach und ihre Schwester Barbara von Wilmowsky mit den Kindern, 1917/18.

Also doch einfach die meisten entlassen? Das hätte unweigerlich eine soziale Explosion zur Folge gehabt. Gustav Krupp sorgt sich außerdem auch in dieser Lage noch um die »besondere Stellung« der Firma, die darin bestehe, »alle berechtigten sozialen

Gesichtspunkte« gelten zu lassen. »Vor allem erscheint es mir notwendig, jede Übereilung zu vermeiden, selbst wenn dadurch
finanzielle Opfer entstehen«, läßt er die Direktoren wissen. Mit
zwei Wochenlöhnen als Abfindung und einer Bahnfreikarte in den
Heimatort verlassen bis zum Monatsende freiwillig mehr als fünf-
zigtausend Arbeiter die Stadt. Ein geschickter, wenn auch teuer
erkaufter Schachzug, der gewiß entscheidend dazu beiträgt, jeden
revolutionären Aufruhr in Essen zu verhindern. Nur einmal muß
sich Gustav mit einer Arbeiterdelegation herumschlagen, die
ihm die baldige Enteignung prophezeit. Da allerdings versteht er
keinen Spaß. Wer ihm so kommt, der muß gehen.

Die Abreise-Aktion nimmt dem Problem die Spitze, ohne es
auch nur annähernd zu lösen. Ab Januar 1919 weiß sich die Firma
nicht mehr anders zu helfen als mit Massenentlassungen. Nur diejenigen, die vor dem 1. August 1914 im Dienst standen, dürfen
bleiben oder werden, wenn sie Kriegsheimkehrer sind, wieder eingestellt. Betriebswirtschaftlich ist selbst dies eigentlich nicht zu
verantworten. »Daß die Gußstahlfabrik dadurch mit einem Ballast
von Tausenden überflüssiger Arbeitskräfte belastet wurde, nahm
man notgedrungen in Kauf«, schreibt Burchardt.

Entscheidender noch als die Frage, wie viele Mitarbeiter ver-
kraftbar sind, ist die, was sie eigentlich herstellen sollen. Für den
Bau von Waffen gibt es – soviel ist klar – vorerst weder einen Markt
noch in nennenswertem Umfang überhaupt eine Genehmigung.
Der Versailler Vertrag legt der deutschen Rüstungsindustrie enge
Fesseln an. Die großen Hallen, die teuren Dreh- und Bohrbänke
für die Geschütze – all dies ist nun totes Kapital. Sich einfach auf
die alten Friedensprodukte zurückzuziehen genügt schon deshalb
nicht, weil es überall in Europa kriegsbedingt massive Überkapazitäten beim Stahl gibt. Mit Massenware wie Eisenbahnschienen
ist es nicht mehr getan. Krupp muß umdenken und neue Produkte
erfinden, andernfalls droht die Pleite. Das ist die Lage. Anders, als
es das Klischee will, erweist sich der Krieg letztlich als schlechtes
Geschäft. Die Gewinne, die soviel Abscheu hervorrufen, schmil-
zen unter den Umstellungsschwierigkeiten und der Inflation
dahin. Für den »Prinzgemahl« kommt die Bewährungsprobe. Es ist
nun an Gustav Krupp, zu beweisen, daß er wirklich zum Unternehmer taugt.

Schwere Hypotheken

Zu den größten Hypotheken, mit denen die Fried. Krupp AG in die neue Zeit startet, gehören erhebliche Verbindlichkeiten gegenüber Schweden. Während des Krieges bezog Krupp gutes Erz aus Skandinavien und bezahlte zunächst mit Wechseln, da Devisen nicht ausgeführt werden durften. Nun sind die Wechsel fällig und Devisen knapp, weil astronomisch teuer. Die Reichsmark ist zerrüttet und inzwischen im Wert auf ein Zehntel des Vorkriegsstandes gefallen. So kommt es, daß die Schuld eine Höhe von nominal 600 Millionen Mark erreicht hat und zur echten Bedrohung wird. Hinzu kommen vom Staat bestellte Produkte, deren Bearbeitung noch »gutes Geld« erforderte und die nun halbfertig in den Hallen herumstehen und jeden Tag an Wert verlieren. Angesichts dieser aussichtslos erscheinenden Situation schlagen einige Direktoren vor, die Fabrik zu schließen. Für Bertha, der das Unternehmen juristisch gehört, kommt wie für Gustav eine solche Kapitulation allerdings nicht in Frage.

In der Werkszeitung ruft man die Belegschaft am 7. Dezember 1918 auf, selbst Vorschläge zu machen für die künftige Friedensproduktion. Neunhundert Anregungen, die sauber registriert werden, treffen ein. Es spricht für den unternehmerischen Mut bei Krupp, sich zunächst nicht groß in Bedenkenträgerei zu üben, sondern vieles ganz einfach auszuprobieren. Man wird ja sehen, ob das Produzierte am Markt bestehen kann. Ob Zahnprothese oder Ackerpflug, Registrierkasse oder Kinovorführgerät, Lastwagen oder Milchkanne, Bestecke oder chirurgische Instrumente – was aus Stahl besteht und sich für die Massenproduktion eignet, dazu

Die erste komplett gefertigte Lokomotive verläßt, feierlich geschmückt, 1919 die Fabrik.

auch nur vage Aussicht auf Erfolg verspricht, das wird hergestellt. »Es erinnerte an ein Warenhaus«, schreibt Tilo von Wilmowsky, Ehemann von Berthas Schwester Barbara und seit 1911 Mitglied des Aufsichtsrats. Daß es der Forschungsabteilung kurz vor dem Krieg gelang, den korrosionsfreien Stahl zu entwickeln, erweist sich jetzt als äußerst hilfreich. Mit Zahnprothesen, die rosten können, hätte sich Krupp wohl kaum blicken lassen dürfen. So aber hilft beim Vermarkten der im Grunde ungebrochene Mythos der drei Ringe. Jeder geht davon aus, daß Krupp Qualität herstellt, egal, um welche Art von Ware es sich letztlich handeln mag.

Neue Wege und Anknüpfen an alte Traditionen

Zum Rückgrat des bescheidenen Aufschwungs wird erneut die Eisenbahn, diesmal allerdings nicht nur als Abnehmer von Zulieferermaterial, was ja bei Krupp Tradition hat. Innerhalb weniger Monate entstehen in einem beispiellosen Kraftakt die technischen Voraussetzungen, um erstmals in der Firmengeschichte komplette Lokomotiven und Waggons zu bauen. Die besonders großen Hallen der Hindenburg-Werkstätten, erbaut erst 1916/17, bieten hierfür genügend Raum. Vorausgegangen sind zähe Verhandlungen mit der Preußischen Eisenbahnverwaltung, die schließlich Abnahmegarantien erteilt. Mit den Loks lassen sich später zudem gewisse Exporterfolge erzielen.

Ein guter Griff ist auch die Lastwagenproduktion, auf deren Basis schon bald Spezialfahrzeuge, etwa für Feuerwehren, entstehen. Krupp kann hier auf die Erfahrungen mit Dieselmotoren zurückgreifen, die in Zusammenarbeit mit Rudolf Diesel schon um die Jahrhundertwende erstmals in Essen gebaut wurden. Zu früh kommt hingegen die pfiffige Entwicklung eines Motorrollers. Erst dreißig bis vierzig Jahre später hätten Design und »Fahrgefühl« den Zeitgeschmack getroffen. Das Projekt wird schließlich, wie vieles andere auch, eingestellt.

Daß mancher, der einst mit Stolz Geschütze konstruierte, all dies letztlich als wenig befriedigend empfindet, wird man voraussetzen können. Auch Gustav Krupp selbst – darauf deuten spätere Aussagen hin – trauert im stillen der alten Bedeutung nach.

Montagewerkstatt für Registrierkassen, Ende der zwanziger Jahre.

Obwohl die Direktoren Otto Wiedtfeld und Paul Goerens raten, eine Zukunft ganz ohne Waffen anzupeilen, kann sich der Firmenchef dazu nicht entschließen. Hat ihn nicht selbst die neue Regierung unter sozialdemokratischer Führung gebeten, hart am Rande der Legalität und zur Not auch darüber hinaus die alten Kenntnisse wachzuhalten? Hat nicht jeder Staat das Recht, zumindest für Verteidigungszwecke zu rüsten? Warum also, so mag Gustav denken, sollte ausgerechnet Krupp beiseite treten?

Wie es der Vertrag von Versailles vorsieht, wird Anfang der zwanziger Jahre unter Beobachtung alliierter Kommissionen zunächst einmal das gesamte Kruppsche Rüstungspotential planmäßig zerstört. Alles, was der Waffenherstellung diente, kommt unter den Fallhammer: Dreh- und Bohrbänke, Fräs- und Stoßmaschinen – alles in allem mehr als neuntausend Maschinen, dazu Hunderttausende kleinerer Werkzeuge. Gleichzeitig gewährt der Friedensvertrag paradoxerweise auch Krupp das Recht, für die auf hunderttausend Mann festgelegte Reichswehr Material zu liefern, und zwar Panzerplatten und größere Geschütze mit mehr als 17 Zentimeter Kaliber für die Marine. Dies allerdings in so geringen Mengen, daß sie für das Geschäftsergebnis bedeutungslos sind. 1923 etwa wird ein Umsatz von 252 Millionen Reichsmark erzielt, von dem weniger als 0,1 Prozent auf die Rüstung entfällt – ein reines Zuschußgeschäft. Krupp sinnt auf Auswege und wird sie finden.

Das Blutbad am Karsamstag 1923

Sosehr man sich in Essen, Duisburg, Magdeburg, Kiel und in den kleineren Zweigwerken abstrampelt – alle Anstrengungen halten die Firma nur sehr mühselig am Leben. Von den alten Gewinnmargen kann gar keine Rede sein, eine »schwarze Null« ist als Bilanzergebnis schon ein Erfolg. Vor allem der Export ins Ausland, für Krupp traditionell wichtig, ist ein schwieriges Geschäft. Protektionismus hat sich ausgebreitet, und die emotionalen Barrieren als Folge des Krieges sind noch längst nicht niedergerissen. Damit man wenigstens produzieren kann, liegen die Exportpreise nicht selten unter den Selbstkosten. Gustav Krupp nähert sich in jenen Jahren sogar kurz dem Gedanken, englische oder amerikanische Beteiligungen zu akzeptieren, verwirft ihn dann aber wieder. Daß derlei bei Krupp überhaupt zur Sprache kommt, wo es seit Alfreds Zeiten ehernes Prinzip ist, Herr im Hause zu bleiben, unterstreicht wohl eindeutig die verzweifelte finanzielle Lage. Ein Schlag ins Wasser ist auch der Versuch, die Belegschaft am Kapital zu beteiligen, ohne ihr jedoch direkte Stimmrechte bei der Hauptversammlung einzuräumen. Nur einige Dutzend Mitarbeiter nehmen dieses Angebot an, »und keiner erzählte seinen Kollegen davon«, schreibt Norbert Mühlen.

Wer dachte, 1919 sei der Höhepunkt der Krise erreicht, weshalb es jetzt wirtschaftlich nur noch bergauf gehen könne, der wird durch die Ereignisse des Jahres 1923 enttäuscht. Weil Deutschland mit der Lieferung von Reparationsgütern in Verzug gerät, besetzen französische Truppen im Januar das Ruhrgebiet, um sich das zu holen, worauf Frankreich glaubt ein Anrecht zu haben. Um das Krupp-Gelände machen die Soldaten zunächst einen Bogen. Am

Karsamstag, dem 31. März, fährt dann doch ein zwölfköpfiges Kommando an der Altendorfer Straße vor. Ihr Ziel ist es, die Autos in der Kruppschen Kraftwagenhalle zu beschlagnamen. Das Gefühl, vom Kriegsgewinner nun noch zusätzlich gedemütigt zu werden, ist allgegenwärtig und keineswegs nur auf nationale Kreise begrenzt. Es wundert daher nicht, daß Tausende Arbeiter ihre Arbeitsplätze verlassen und an der Halle zusammenströmen. Gewiß geschieht dies mit dem Segen der Vorgesetzten und in Absprache mit dem Direktorium, aber ohne daß irgendwer gezwungen werden müßte.

Gewalt geht von der Menge nicht aus, im Gegenteil. Mehrmals betreten die Betriebsräte August Sander und Franz Müller die Halle, um die Franzosen im Gespräch zum friedlichen Abzug zu bewegen. Allerdings schaffen Drohgebärden und patriotische Lieder, pausenloses Sirenengeheul und Drängeleien eine Atmosphäre, der man nervlich erst einmal gewachsen sein muß. Der französische Offizier ist es offenkundig nicht – er gibt seinen Maschinengewehrschützen Feuerbefehl. Am Ende sind dreizehn Kruppianer tot, fünfzehn verletzt. Der Umstand, daß zwei Arbeiter noch im Fliehen erschossen werden, bestätigt, wie kopflos die Soldaten handelten.

Vom »Prinzgemahl« zum »Kruppianer«

Ganz abgesehen von der menschlichen Tragödie, ist dieser während der Ruhrbesetzung einzigartige Vorfall für Frankreich ein diplomatisches Fiasko. In England und den USA, beide von Anfang an gegen die Besetzungspolitik, gibt es Verständnis für die deutschen Proteste. Selten hatte Krupp bis dato die öffentliche Meinung in Europa und Amerika auf seiner Seite; diesmal gelingt es, wie Krupp-Gegner William Manchester mißmutig in seinem Buch anmerkt.

Frankreich denkt jedoch nicht daran, klein beizugeben, ist vielmehr entschlossen zu beweisen, daß die Werksführung die Stimmung bewußt anheizte und die Soldaten in einer Art Notwehr handelten. Noch am Ostersonntag waren drei Direktoren verhaftet worden. Gustav Krupp bleibt zunächst auf freiem Fuß, um nach der Rückkehr von einer Berlin-Reise am 1. Mai 1923 ebenfalls in Haft zu kommen. Eine Woche später beginnt in Essen-Werden, wo die Besatzungsmacht residiert, der Prozeß. Alle Zeugen bestätigen letztlich den Nervenkrieg-Charakter der Ereignisse, Hinweise auf echte Übergriffe der Arbeiter gibt es keine. Die grotesken Urteile des Militärgerichts unterstreichen die ausschließlich politische Stoßrichtung des Verfahrens: fünfzehn Jahre Gefängnis für Gustav Krupp von Bohlen und Halbach sowie ebenfalls langjährige Haftstrafen für die Direktoren.

Unversehens findet sich Krupp in einem Zustand wieder, den Firma und Familie außerhalb Essens kaum kennen: dem der Popularität. Gustavs, wie man damals sagte, »tadellose Haltung«, die Tatsache, daß er sich nicht der französischen Willkür-Justiz durch Flucht entzog – all dies trägt ihm viel Anerkennung ein. Wie sehr er sich selbst seiner besonderen Rolle bewußt ist und die Haft als »Ritterschlag« empfindet, zeigt eine Anekdote, die Schwager Tilo von Wilmowsky nach einem gemeinsamen Besuch mit Bertha im Düsseldorfer Gefängnis erzählt. »Nicht wahr, jetzt darf ich mich doch wirklich mit Recht einen Kruppianer nennen«, sollen Gustavs Worte gewesen sein. Der »Prinzgemahl«, der tief im Inneren immer noch Minderwertigkeitskomplexe verspürt haben mag, ist vor sich selbst und der Öffentlichkeit endgültig zum Krupp geworden. Es ist nicht ernsthaft zu befürchten, daß Gustav und seine

Direktoren auch nur einen erklecklichen Teil der drakonischen Strafe abzusitzen haben, und vom Gefängnispersonal dürfte ihnen statt Strenge eher Hochachtung begegnet sein. Für einen die Freiheit gewohnten Menschen lassen sich sieben Monate Haft, die schließlich daraus werden, allerdings auch nicht mit einem Schulterzucken quittieren.

Hochöfen des Hüttenwerks in Essen-Borbeck, erbaut 1926. Nach dem Zweiten Weltkrieg wurde das hochmoderne Werk in Einzelteile zerlegt und in die Sowjetunion verschifft.

Ein normales Unternehmen mit normalen Problemen?

Als Gustav Krupp Ende 1923 nach Essen zurückkehrt, hat sich die Krise zugespitzt: Die Wirtschaft liegt als Folge von Besetzung und passivem Widerstand am Boden; Steuern, Sozialabgaben und tarifliche Rechte wie der gesetzlich vorgeschriebene Achtstundentag haben den Faktor Arbeit erheblich verteuert. Die Währung ist zerrüttet. Auf dem Weg vom Lohnbüro zum Laden verliert der Inhalt mancher Lohntüte die Hälfte seines Wertes. Nackte Not herrscht, die für die Kruppianer nur deshalb halbwegs erträglich bleibt, weil die Firma aus einem Fonds von einer Million Dollar Lebensmittel im Ausland kauft und im »Konsum« anbietet.

Andererseits geht es jetzt ans Eingemachte, und da haben selbst die sozialen Prinzipien zurückzustehen. Rationalisierung, dieses aus den USA übernommene Stichwort, macht jetzt auch in der deutschen Wirtschaft die Runde. Krupp hat es besonders nötig. Zu viele teure Mitarbeiter haben zu wenig zu tun. Nach der Währungsumstellung auf die Gold- und Rentenmark bringt der fällige Kassensturz ans Licht, daß Krupp unmittelbar der finanzielle Zusammenbruch droht. Von November 1924 bis Mitte 1925 macht die Gußstahlfabrik jeden Monat 1,8 Millionen Mark Minus – in stabilisiertem Geld, nicht in den wertlosen Papierscheinen der Inflationszeit. Wieder raten die Direktoren, die Produktion ganz einzustellen, wieder lehnt Gustav ab. Sein Argument: Ein Werk, das einmal ganz stilliegt, ist schwer wieder in Gang zu bekommen.

Parallel zu den nun unvermeidbaren Entlassungen bemüht sich Krupp um Kredite und andere Hilfen. Eine 10-Millionen-Dollar-Anleihe amerikanischer Anleger, für die Waren und Rohstoffe verpfändet werden, schafft erste Erleichterung. Die endgültige Rettung bringt erst die Zusage der Reichsregierung, finanzielle Hilfen von insgesamt 40 Millionen Mark zu gewähren, ein Teil als Kredit, ein Teil als Ausgleichszahlung für Kriegsschäden – wieder ein Tribut des Staates an die Sonderstellung der Firma, denn soviel Geld kann sonst niemand erwarten. Aber eine Bedingung gibt es: Es muß jetzt kostengünstiger produziert werden. Darüber hinaus muß dringend Ersatz her für die alten, immer unrentabler arbeitenden Anlagen, die der ausländischen Konkurrenz kaum noch gewachsen sind. Anfang 1926 finden in Essen nur noch gut 20.000 Mitarbeiter bei Krupp ihr Auskommen; 48.760 sind es insgesamt in Deutschland.

Das ist immer noch viel, aber im Vergleich zu früher doch wenig. Krupp ist, so scheint es, ein normales Unternehmen mit normalen Problemen geworden. Allerdings nicht so normal, daß sich Bertha und Gustav Krupp dazu entschließen könnten, den Vereinigten Stahlwerken beizutreten, die als Folge der Krise gerade eben in Gründung sind. Der zwingende Grund, nämlich die Kapitalnot, ist für die Essener ja erst einmal obsolet. Sollen Thyssen und die klassischen Aktiengesellschaften wie Deutsch-Lux, Gelsenkirchener Bergwerks AG, der Bochumer Verein, Rheinstahl und Phönix ihre Kräfte bündeln und hoffen, ihre Schwierigkeiten so leichter lösen zu können. Außer Krupp gehen von den namhaften Stahlkonzernen nur Hoesch und die Gutehoffnungshütte weiterhin eigene Wege, letztere allerdings mehr aus strategischen Gründen, weniger weil die Tradition sie drängt.

Krupp bleibt eigenständig

In der Großindustrie ist längst ein Umbruch im Gang. Die alten Gründerfamilien können oder wollen das Tempo der Entwicklung, das ständig neue Kapitalschübe erfordert, oft nicht mehr mitgehen. Banken und Renditegesellschaften, Börsenjongleure wie Friedrich Flick und Hugo Stinnes haben manch allzu dünne Kapitaldecke ausgenutzt und ganze Konzerne zusammengekauft. Der neue Stahlverein, um ein Vielfaches größer als Krupp, ist die logische Folge dieser Entwicklung. An die Stelle der charismatischen Gründerfiguren ist vielerorts der Typus des mächtigen Generaldirektors getreten. Nur in Essen ist die Zeit, allen Widrigkeiten zum Trotz, in diesem Punkt im Grunde stehengeblieben. Immer noch ist da diese eine Familie, der alle Aktien gehören, immer noch ist es etwas Besonderes, auf dem Hügel empfangen zu werden statt in einer x-beliebigen Konzernzentrale. Gustav arbeitet entschlossen daran, diesen Nimbus um fast jeden Preis zu erhalten.

König Fuad I. von Ägypten und Gefolge auf der Terrasse der Villa Hügel. Gruppenbild mit Familie Krupp, 1929.

Natürlich, der Name allein macht es nicht. Die ökonomisch befriedigenden Jahre, die nun folgen, die »goldenen Zwanziger«, stellen Krupp zunächst wieder auf eine gesunde Grundlage. Einen nicht geringen Anteil hat daran erneut die Forschungsabteilung, die das Hartmetall »Widia« (»Wie Diamant«) weiterentwickelt. Krupp hat zuvor die Lizenz für die industrielle Ausnutzung erworben. Widia wird die Werkzeugtechnik revolutionieren und für den Abbau von Kohle und Erz sowie als Verschleißschutz bald unentbehrlich sein. Die nichtrostenden Stähle (Nirosta) beweisen ihren Wert nicht nur als Material für besonders stark beanspruchte Maschinen- und Bauteile, mit ihnen erobert Krupp auch den Markt für hochwertige Konsumgüter wie etwa Eßbestecke. Ein Exporterfolg, dessen Symbolgehalt hoch veranschlagt werden kann, ist Krupp dann Ende der zwanziger Jahre vergönnt. Beim Bau des berühmten, 319 Meter hohen Chrysler-Wolkenkratzers in New York, inzwischen ein Denkmal der Art-deco-Architektur, liefert die Firma die 4500 Nirosta-Platten für den 90 Meter hohen Turmhelm. Dort trotzen sie noch heute Wetter und Luftverschmutzung.

Krupp und die geheime Aufrüstung

Vor Verträgen hat Gustav Krupp durchaus Respekt, selbst wenn sie ihm nicht passen. Das gilt auch für den Versailler Vertrag mit seinen rüstungspolitischen Einschränkungen. In der Gußstahlfabrik gibt es in den Jahren der Weimarer Republik zwar immer eine kleine Konstruktionsabteilung, die Pläne zeichnet für kommende Generationen von Kanonen und auch Versuche unternimmt, doch ist in Essen wohl tatsächlich nichts hergestellt worden, was nicht erlaubt gewesen wäre. Auch den Vorschlag der Reichswehr, im etwas weniger exponierten Magdeburger Gruson-Werk heimlich Geschütze verbotenen Kalibers zu bauen, lehnt Krupp 1927 nachgewiesenermaßen ab. Aber so wie es eine »geheime Reichswehr« gibt, die in der Sowjetunion mit modernem Gerät übt, so findet auch Krupp nichts dabei, im neutralen Ausland das zu tun, was im Inland verboten ist. Den Buchstaben, wenn auch nicht dem Geist des ungeliebten und in seiner Bedeutung ohnehin langsam verblassenden Vertrages, wäre ja somit Genüge getan. So kommen die Konstrukteure von Geschützen nicht aus der Übung. Das Drängen und die Ermunterung durch den Chef der Reichswehr, General Hans von Seeckt, und das billigende Wissen selbst sozialdemokratischer Reichskanzler dürfte Gustavs vielleicht vorhandene Bedenken vollends zerstreut haben.

In Schweden findet sich mit der Rüstungsfirma AB Bofors schon ab 1920 ein williger Kooperationspartner, an dem Krupp Anteile erwirbt. Die Essener Spezialisten für Kanonen und die Fachoffiziere der Reichswehr wechseln mitsamt Schutzrechten und Konstruktionsplänen nach Skandinavien und können dort ungestört von lästigen Kontrollen der Alliierten arbeiten. Dabei geht es nicht einmal sonderlich geheim zu, denn Bofors hat aus kommerziellen Gründen ein Interesse daran, daß die prestige-trächtige Zusammenarbeit mit Krupp publik wird. So gelingt es denn auch, in den Folgejahren rund 10 Prozent des weltweiten Waffenexportgeschäfts zu erobern, was ohne die Erfahrungen, die Krupp einbringt, wohl kaum möglich gewesen wäre. In einem ver-traulichen Vertrag vereinbaren Reichswehr und Krupp außerdem gegenseitige Unterstützung bei der Weiterentwicklung von Muni-tion und Geschützen bis Kaliber 17 – dies allerdings ein eindeuti-ger Bruch bestimmter Ausführungsbestimmungen des Versailler Vertrages. Sehr viel später, am 1. März 1942, liest sich das in der Werkszeitung aus der Feder Gustavs (»... heute darf ich darüber sprechen ...«) so: »Ich wollte und mußte Krupp, wenn auch ge-tarnt, als Wehrbetrieb für die ferne Zukunft erhalten.« Man muß nicht jedes Wort, das in jener Zeit fiel, für bare Münze nehmen, hier mag gerade bei Gustav Krupp auch Opportunismus und Prah-lerei im Spiel sein. Nach Ansicht des Historikers Michael Geyer war die Beteiligung der Großindustrie an der Geheimrüstung jeden-falls »recht gering, was immer einzelne Unternehmer im nach-hinein sagen mochten«. Es gibt andererseits keinen Grund anzu-nehmen, daß es sich um reine Zwecklügen handelte, nur um den nationalsozialistischen Machthabern zu gefallen. Dafür ist die Faktenlage zu eindeutig.

Loyal gegenüber der wenig geliebten Republik

Wie so vielen Deutschen bleibt dem Firmeninhaber die junge und noch ungefestige Weimarer Republik innerlich fremd. Zu tief wur-zelt der Mensch Gustav Krupp im vordemokratischen autoritären Gedankengut und Staatsverständnis der Kaiserzeit. Wie sehr er der Monarchie nachtrauert, wird nicht zuletzt darin deutlich, daß er

Wilhelm II. alljährlich am 27. Januar herzliche Geburtstagsgrüße ins holländische Exil senden läßt. 1931 reist gar die ganze Familie Krupp nach Doorn, um dem abgedankten Kaiser einen Besuch abzustatten. Auch nach 1933 hält er losen Kontakt, obwohl dies durchaus verpönt ist und als rückwärtsgewandt gilt.

Trotz der inneren Frontstellung gegen den neuen Staat habe es Gustav nicht geduldet, wenn in seiner Gegenwart schlecht über den sozialdemokratischen Reichspräsidenten Friedrich Ebert geredet wurde, berichtet Schwager Tilo von Wilmowsky. Das klingt plausibel. Ganz wie es seinem Charakter entspricht, glaubt er auch der neuen Obrigkeit ein Mindestmaß an Respekt zu schulden. Und ein Staatsoberhaupt bleibt eben ein Staatsoberhaupt. Hätte Gustav Krupp in den zwanziger Jahren allerdings die Wahl gehabt, eine restaurierte Monarchie mit starker Armee und einem gegenüber der Kaiserzeit leicht gestärktem Reichstag wäre

Werbeprospekt für Landmaschinen, Ende der zwanziger Jahre.

seinen Vorstellungen wohl sehr nahe gekommen. In der Wirtschaftspolitik dagegen ist seine Haltung unklar. Einerseits ist er darauf bedacht, daß der Exportwirtschaft keine Hindernisse durch staatlichen Protektionismus in den Weg gelegt werden. Kaum ein deutsches Stahlunternehmen ist schließlich so auf die Ausfuhr angewiesen wie Krupp. Andererseits wäre es falsch, in ihm einen Anhänger des liberalen Laissez-faire, der schrankenlosen Herrschaft des Marktes zu sehen. Dies galt bei Krupp nie sehr viel. Zumal gegen Ende der Weimarer Republik scheint er, womöglich bestärkt durch Tilo von Wilmowsky, einer aktiven Konjunkturpolitik durch staatliche Arbeitsbeschaffungsprogramme nicht abgeneigt gewesen zu sein.

Geheimnisumwittert: Die »Ruhrlade«

Das Haus Krupp, heißt es beim Firmenbiographen Gert von Klass, habe sich in jenen Jahren von der Politik ferngehalten. Das stimmt insofern, als daß Gustav Krupp von Bohlen und Halbach nicht daran denkt, sich offen ins parlamentarische Getümmel zu stürzen, wie dies seinem Schwiegervater so schlecht bekommen ist. Auch in den Interessenverbänden wie dem Reichsverband der Deutschen Industrie (RDI) und im sogenannten »Langnamverein« der rheinisch-westfälischen Großunternehmen hält er sich zunächst im Hintergrund. Daß aber die Schwerindustrie politischen Einfluß nehmen müsse, um in ihrem Sinne Schlimmeres zu verhüten, leuchtet dem Firmenchef ein. Gustav verweigert sich denn auch nicht, als Paul Reusch, der Generaldirektor der Oberhausener Gutehoffnungshütte, im Herbst 1927 eine zwanglose Vereinigung anregt, der zwölf der wichtigsten Ruhr-Industriellen angehören sollen. Die Runde, die ihre erste Sitzung auf Villa Hügel abhält, nennt sich etwas geheimniskrämerisch »Ruhrlade«. Das klingt nach Mystik und Konspiration und wird nicht zuletzt deshalb später manche Kritikerphantasie beflügeln.

Während man anfangs eher zusammentrifft, um Tarifstrategien zu bündeln und sich zu wirtschaftspolitischen Fragen auszutauschen, gewinnt schon bald die direkte politische Einflußnahme an Bedeutung. Mit regelmäßigen Spenden aus dem Fonds der Ruhrlade kann das bürgerliche Lager rechnen: die reaktionäre Deutschnationale Volkspartei (DNVP), die konservative Deutsche Volkspartei (DVP) und das katholische Zentrum, wobei die Reihenfolge durchaus dem Grad der Sympathie und der Höhe der Zuwendungen entspricht. Die Hoffnung, über direkte Personalvorschläge der Großindustrie besonders genehme Kandidaten ins Parlament zu bugsieren, zerschlägt sich allerdings. Scheitern wird auch der unter anderem von Wilmowsky unternommene Versuch, die zerstrittenen konservativen und rechtsliberalen Parteien zusammenzuschirren, um der sozialistischen Linken entschiedener Kontra geben zu können. Die Parteien nehmen die Zuschüsse zwar gerne entgegen, sind aber nicht gewillt, ihre Interna mit den Geldgebern abzustimmen. Drohungen, den Geldhahn zuzudrehen, fruchten wenig. Es ist allzu offensichtlich, daß die Industrie vorerst keine echte Alternative hat. Mehrheitlich ablehnend stehen die Industriellen etwa dem »Pressezar« Alfred Hugenberg gegenüber, ohne jedoch verhindern zu können, daß dieser 1928 DNVP-Vorsitzender wird und die Partei scharf nach rechtsaußen führt. Gerade Gustav Krupp hatte den Starrsinn Hugenbergs, der von 1909 bis 1918 erst Mitglied, dann Vorsitzender des Direktoriums war, zur Genüge kennengelernt. Er war einer der schwächsten Direktoren, die Krupp jemals hatte.

Luftschiff
Graf Zeppelin
über der Guß-
stahlfabrik, 1929.

Ein böses Omen

Die konjunkturelle Belebung in den zwanziger Jahren neigt sich bereits dem Ende, als Deutschland im Herbst 1929 in den Sog der Weltwirtschaftskrise gerät. Krupp ist wieder ein gesundes Unternehmen, die Zahl der Mitarbeiter auf insgesamt neunzigtausend gestiegen. Die guten Jahre wurden genutzt, um die alten Anlagen zu modernisieren. Als Krönung ist einige Jahre zuvor eine nagelneue, 120 Millionen Mark teure Hochofenanlage am Rhein-Herne-Kanal in Essen-Borbeck in Betrieb gegangen. Für die anerkannt hochwertigen Produkte steht nun eine eigene Edelstahlbasis zur Verfügung, doch was nützt dies alles ohne Aufträge? Den Fehler, durch gutgemeinte soziale Rücksichten den Bestand des Ganzen zu gefährden, will man offensichtlich nicht noch einmal begehen. Selbst altgediente Kruppianer bekommen jetzt die Entlassungspapiere. Allerdings trifft es Arbeiter prozentual weit öfter als Angestellte.

Es muß wie ein böses Omen gewirkt haben, als die sozial engagierte Margarethe Krupp siebenundsiebzigjährig im Februar 1931 stirbt und unter großer Anteilnahme der notleidenden Bevölkerung beigesetzt wird. Eine Episode, die nebenbei zeigt, daß der Konsens zwischen Firma und Familie einerseits und den Kruppianern andererseits auch in der Krise schwer zu erschüttern ist. Das ändert allerdings nichts daran, daß die »gute alte Zeit«, die so gut zwar nicht war, die aber immerhin Orientierung und bescheidenen Wohlstand bot, ganz offensichtlich vorbei ist. Auf dem Höhepunkt der Wirtschaftskrise leben in Essen zweihunderttausend Menschen – jeder dritte Bürger – von der kargen Unterstützung der Arbeits- und Wohlfahrtsämter. Die Verzweifelten besitzen nicht mehr viel, haben auch nicht viel Hoffnung, aber eines haben sie ganz gewiß: eine Stimme bei den Wahlen.

Bis 1930 hätten die Mitglieder der Ruhrlade den »guten Willen« gehabt, trotz aller Skepsis »innerhalb des demokratischen parlamentarischen Systems von Weimar zu wirken«, schreibt der amerikanische Historiker Henry A. Turner. Eine unrühmliche Ausnahme ist allerdings schon zu diesem Zeitpunkt Fritz Thyssen, der offen eine Annäherung der Schwerindustrie an die Nationalsozialisten empfiehlt. Noch trifft dies auf wenig Resonanz. Doch unter dem Eindruck des Wahlmißerfolgs der Konservativen ist Turner zufolge bei vielen Wirtschaftsführern »Enttäuschung« eingekehrt, die in Verwirrung mündet. Wen soll man nun eigentlich sinnvollerweise unterstützen? Wer vermag die Interessen der Wirtschaft in Politik umzusetzen? Gemeinsam mit einer demokratieskeptischen Grundhaltung ist es im Grunde pure Ratlosigkeit, die sich als bester Nährboden für die Aufweichungstendenzen bei der Ablehnung der Hitler-Partei erweist.

Vom Ungeist angekränkelt

Nach dem spektakulären Wahlerfolg vom September 1930, der die
NSDAP-Reichstagsfraktion auf hundertdrei Abgeordnete anwach-
sen läßt, beginnt die Industrie die Nationalsozialisten »in ihre
Überlegungen miteinzubeziehen« (Turner). Dabei sind die Ak-
zente ganz unterschiedlich. Fritz Thyssen marschiert in puncto
Nazi-Begeisterung immer vorneweg. Albert Vögler, Chef der
mächtigen Vereinigten Stahlwerke, und Fritz Springorum, Generaldirektor bei Hoesch, zeigen sich bei einigen Gelegenheiten vom
Ungeist gefährlich angekränkelt, etwa als sie 1932 getrennt von-
einander die Beteiligung der Hitler-Partei an der Regierung for-
dern. Andere – wie der als Wortführer der Ruhrlade wichtige
Reusch – halten mehr oder weniger betont Distanz. Zweifellos
zählt Gustav Krupp zur letzten Gruppe, ohne allerdings sein Wort

15.000-Tonnen-
Schmiedepresse
um 1929,
damals die
größte der Welt.

öffentlich und engagiert in die
Waagschale zu werfen. Das ändert sich auch dann kaum, als
er sich im Herbst 1931 bereit-
erklärt, im Reichsverband der
Deutschen Industrie den repräsentativen Posten des Präsidenten zu übernehmen.

Die außenpolitischen, auf
Revision des Versailler Vertrages ausgerichteten NSDAP-Pa-
rolen kommen in den Industri-
ellenkreisen flügelübergreifend
noch am besten an. Auch die
Frontstellung zu Gewerkschaften und Sozialdemokratie ist
ganz im Sinne der Konzernher-
ren. Unsicherheit herrscht hingegen bezüglich der wirt-
schaftspolitischen Vorstellungen, die Hitler wohlweislich
nicht geneigt ist zu konkretisie-
ren. Noch gewinnt die Partei

auf ihrem »linken« Flügel unter Gregor Strasser gerade auch dank sozialistischer Rabulistik Anhänger und Wähler hinzu. Antibürgerliche Rhetorik und entsprechend martialisches Auftreten, etwa der Parteiarmee SA, komplettieren das Unbehagen im großbürgerlichen Unternehmermilieu. Mit der Einigkeit ist es dort allerdings vorbei. Den Anhängern einer »Katastrophenpolitik«, die die Weimarer Republik vor die Wand fahren wollen, um aus den Trümmern eine neue autoritäre Staatsform zu bilden, stehen diejenigen gegenüber, die trotz aller Distanz zur ungeliebten Republik zu Kompromissen bereit sind und einen Zusammenbruch mehr fürchten als herbeiwünschen.

Ein kopfloses Lavieren

Je länger die Krise dauert, je unfähiger die Parteien und wechselnden Regierungen erscheinen, desto mehr bröckelt diese Haltung, ohne daß von einem echten Umschwung die Rede sein könnte. Die berühmte Rede Adolf Hitlers am 26. Januar 1932 im Düsseldorfer Industrieclub, der Gustav fernbleibt, hat einige beeindruckt, andere hingegen ernüchtert. Reusch tritt im Laufe des Jahres erst der NSDAP näher, trifft sogar politisch-publizistische Absprachen mit Hitler, um dann doch wieder enttäuscht abzurücken und seine Hoffnungen auf das »Kabinett der Barone« unter Reichskanzler Franz von Papen zu setzen. Überhaupt setzt ein allgemeines, im Grunde kopfloses Lavieren ein, dessen geringe Wirksamkeit auf den Gang der Dinge den Industriellen die Grenzen ihrer Macht schmerzlich aufzeigt. Mag der eine oder andere geglaubt haben, daß sich wirtschaftlicher Einfluß ohne weiteres in politischen umsetzen läßt, die Realität sieht anders aus. Denn zu einem entscheidenden Mann und seiner dubiosen Umgebung hat die Wirtschaft so gut wie keinen Zutritt: Reichspräsident Paul von Hindenburg, der die Kanzler mangels klarer Mehrheiten im Reichstag stützen oder stürzen kann und das Land faktisch per Notverordnungen regiert.

Gustav Krupps Rolle bleibt in diesem großen, ernsten Spiel, an dem so viele Wichtigtuer beteiligt sind, seltsam blaß. Der kleine, zierliche Mann trägt zwar den weltberühmten Namen und ist Vorsitzender des wichtigsten Interessenverbandes der Wirtschaft, es fehlen ihm jedoch Charisma und Auftreten etwa eines Paul Reusch, der bei Generaldirektor-Karikaturen auf Bildern eines Otto Dix Modell gestanden haben könnte. »In normalen Zeiten war er ein hervorragender Präsident«, urteilt RDI-Präsidiumskollege und AEG-Vorstand Hermann Bücher über Krupp, »aber den Verhältnissen, wie sie sich im Jahre 1932/33 entwickelten, war er nicht gewachsen.« Immerhin: Als Ende Januar 1933 Hitler vor der Kanzlerschaft steht, startet der Reichsverband der Deutschen Industrie – sicher nicht ohne Wissen und Genehmigung Krupps – einen letzten Versuch, dies zu verhindern. Hierbei geht es allerdings weniger um allgemeinpolitische Bedenken. Vielmehr umtreibt gerade die vom Export abhängigen Unternehmer die bange Frage, ob Hitler gegenüber dem Ausland eine wirtschaftliche Abschottungspolitik betreiben und seine Autarkie-Illusionen durchsetzen würde.

Der Wolf frißt keine Kreide mehr

Als die Intervention, wie nicht anders zu erwarten, keinen Erfolg zeigt, dauert es nur einige Wochen, bis Gustav radikal umschwenkt. Ein Treffen mit dem neuen Reichskanzler am 20. Februar bringt zur Wirtschaftspolitik zwar keine entscheidende Klarheit, doch zeigt sich Krupp über Hitlers Bekenntnis zu Privateigentum und »Wehrhaftigkeit« befriedigt und bringt »spontan den Dank der Versammlung« zum Ausdruck. Während die RDI-Spitze am 1. April erneut einen Termin in der Reichskanzlei wahrnimmt, dringen zur gleichen Zeit NS-Wirtschaftsfunktionäre ins Verbandsgebäude ein und verlangen ultimativ den Rauswurf der politisch mißliebigen und auch bereits der jüdischen Mitglieder der Geschäftsführung.

Der dreiste Angriff auf die Autonomie des vermeintlich so mächtigen Verbandes ist historisch ohne Beispiel und fordert Proteste einzelner Mitglieder heraus. Der alte Emil Kirdorf, zu aktiven Zeiten Chef der Gelsenberg AG und ein früher und dennoch kritischer Bewunderer Hitlers, schreibt einen geharnischten Brief. Selbst Fritz Thyssen, den hier vielleicht die ersten grundsätzlichen

109

Zweifel beschleichen, kritisiert den frühen Anpassungskurs. Aber Gustav Krupp hat offenbar besser als der an Selbstüberschätzung leidende Thyssen begriffen, woher nun der Wind weht. Während der Gespräche in der Reichskanzlei mag sich ihm zwischen den Zeilen einiges vom neuen Geist mitgeteilt haben. Die Industriellen mit ihren großen Namen sind für Hitler durchaus nicht unwichtig – solange ihre Unternehmen in seinem Sinne funktionieren. Wenn nicht, wird man Mittel und Wege finden, dies sicherzustellen.

Chassis-Fertigung eines Krupp-Nutzfahrzeugs, 1930er Jahre.

Für die Sprache der Macht hat Gustav Krupp feine Antennen. Er nimmt die beginnende Gleichschaltung des Reichsverbandes nicht nur ohne jeden erkennbaren Widerspruch hin, der zu diesem Zeitpunkt, zumal für einen Krupp, keineswegs mit Lebensgefahr verbunden wäre; er forciert noch das Tempo, ohne sein Präsidium überhaupt zu fragen. Auch öffnet sich jetzt sein Geldbeutel für die Zwecke der NSDAP, die ja noch die letzte halbwegs demokratische Wahl im März 1933 zu bestehen hat. Noch einmal sei Hermann Bücher zitiert, der ihn zutreffend charakterisiert: »Er konnte die Erziehung im Obrigkeitsstaate und in seiner früheren Laufbahn nicht abschütteln.« Und: »Obwohl starrköpfig und durch Dritte nahezu unbeeinflußbar, war er keine Kämpfernatur.« So bleibt das Paradoxon, daß sich die Spitzenverbände der deut-

schen Industrie bereits im fortgeschrittenen Stadium der Selbst-
auflösung befinden, während die Nazis noch einige weitere Wochen brauchen, bis sie sich an die Gewerkschaften mit ihrer immerhin respektablen Massenbasis herantrauen.

Die These von den »Steigbügelhaltern«

Was bleibt nun nach vierzehn Jahren Weimarer Republik und
nach den Umständen der Machtergreifung übrig von der weitverbreiteten These, daß die Wirtschaft Hitlers wichtigster »Steigbügelhalter« ist, daß sie die Politiker wie Marionetten zu steuern versteht? Ziemlich wenig, meint Henry A. Turner und mit ihm auch
andere Historiker, die Quellenstudium ohne ideologische Scheu-
klappen betrieben. Die geheimnisumwitterte Ruhrlade blieb in
ihrem Einfluß ebenso eng begrenzt, wie es die offiziellen Interes-
senverbände der Wirtschaft blieben. Daran konnte auch manch
publizistische Intervention – allein dem Konzern Gutehoffnungshütte gehörten in Süddeutschland drei Zeitungen – nicht viel ändern. Noch gibt es keine »Mediengesellschaft«, noch entwickeln
die jeweiligen sozialen Milieus, denen die Menschen meist ein
Leben lang angehören, die entscheidende politische Bindungskraft. Den Weimarer Parteien, so Turner, sei eben klargewesen, daß
die Unternehmer »nicht das bieten konnten, worauf es in einer
von Wahlen abhängigen Politik vor allem ankommt: große geschlossene Wählergruppen«.

Unbestritten haben Thyssen und einige weitere eher unbedeutende Wirtschaftsführer der NSDAP über finanziell klamme Zeiten
hinweggeholfen. Unbestritten ist aber ebenso, daß sich die über-
wältigende Mehrheit bis zur Ernennung Hitlers zum Reichskanzler hütete, ihr Geld den Nazis zu geben. Die bürgerlichen und konservativen Parteien wurden ungleich stärker bedacht, was jedoch,
wie gesehen, ohne großen Nutzen blieb. Eine »Steigbügelhalter«-
Theorie läßt sich daraus schwerlich stricken. Die Verantwortung
der Unternehmer zu Beginn der NS-Katastrophe liegt im wesentlichen darin, daß sie ganz überwiegend keine Demokraten waren
und Hitlers monströse Gefährlichkeit nicht erkannten. Damit
standen sie allerdings in Deutschland leider alles andere als allein.

DER WEG IN DIE KATASTROPHE
1933 – 1945

Hitler hat Glück. Als er antritt, ist das konjunkturelle Tief der Weltwirtschaftskrise beendet, und es geht spürbar bergauf. Daß dies auch ohne ihn geschehen wäre, liegt auf der Hand, ist jedoch in der Propaganda nicht vorgesehen – und der wird nur allzu bereitwillig geglaubt. In der Kruppschen Werkszeitschrift schreiben einfache Arbeiter naive, keineswegs bestellte Gedichte darüber, wie dankbar sie dem »Führer« für den ihnen wiederbeschafften Arbeitsplatz sind. Die anziehende Konjunktur beschert der Fried. Krupp AG Geschäftsergebnisse, die in der Tat beeindruckend sind. Zwischen dem Tiefpunkt des Geschäftsjahres 1932/33 und dem Jahr 1934/35 hat sich der Ausstoß der Hochöfen und der Stahl- und Walzwerke mehr als verdoppelt. Die Zuliefererfunktion für die Auto- und Flugzeugindustrie, für Schiff- und Maschinenbau ist das eine Standbein, die eigene Verarbeitung in den Essener, Rheinhausener, Magdeburger und Kieler Werken das andere. Die »Warenhaus-Produktpalette« aus der Nachkriegszeit spielt schon länger keine Rolle mehr. Maschinen und Anlagenteile, Bagger für den Braunkohletagebau, Lokomotiven und Lastwagen, Brücken und kleineres technisches Gerät – das sind die Arbeitsfelder, auf denen immerhin wieder ein Umsatz von mehr als 500 Millionen Mark und ein Gewinn von 10 Millionen Mark erzielt werden. Zu einem heiklen Punkt allerdings macht der Geschäftsbericht nur allgemeine Angaben: »Erstmalig nach jahrelanger Unterbrechung haben wir auch wieder größere Aufträge der deutschen Wehrmacht ausgeführt und sind damit zu einer ehrenvollen Tradition unseres Hauses zurückgekehrt.«

Mit welcher Bereitwilligkeit hat Krupp sich ins wieder aufblühende Waffengeschäft begeben? Eine entscheidende Frage, auf die es keine eindeutige Antwort gibt. Die schwedische Episode und manche andere geheime Aktivität sprechen dafür, daß man sich die Rüstungsoption immer offenhalten wollte. Auch spätere Äußerungen Gustavs, von denen schon die Rede war, müssen ernst genommen werden. »Krupp warf sich zum Erstaunen mancher Menschen unter anderem auf die Fabrikation von Gegenständen, von denen es schien, als lägen sie besonders weit ab von der bisherigen Arbeit der Waffenschmiede«, heißt es 1942 in einem Aufsatz, in dem Gustav beschreibt, wie er die Rüstungsarbeiter »heimlich« weiterbeschäftigte: »Selbst die alliierten Schnüffelkommissionen ließen sich täuschen. Vorhängeschlösser, Milchkannen, Registrierkassen, Gleisstopfmaschinen und ähnlicher Kleinkram schienen nun wirklich unverdächtig, und auch Lokomotiven und Kraftwagen wirkten durchaus zivil. Nach der Machtübernahme hatte ich die Genugtuung, dem Führer melden zu können, daß Krupp nach geringer Anlauffrist für die Wiederwehrhaftmachung des deutschen Volkes ohne Lücken in seinen Erfahrungen bereitstehe.« Das sind Sätze, die doch ernüchtern, selbst wenn, wie bereits gesehen, der für ihn so charakterprägende Opportunismus gegenüber den Machthabern dabei gewiß mitschwang.

Hitler 1936 bei einer Rede vor der Belegschaft der Lok-Fabrik.

Die Erinnerung schwingt mit … und Bedenken schwinden

Das ist die eine Seite. Andererseits gibt es genügend Hinweise, daß Krupp zu Beginn des Dritten Reiches wenig geneigt ist, sich wieder in das finanzielle Abenteuer einer großangelegten Waffenproduktion zu stürzen. Es geht da weniger um Moral. Man hat in Essen durchaus nichts gegen eine stärkere Rolle des Militärs und damit auch nichts gegen eine gewisse Aufrüstung einzuwenden. Für Gustav sind dies Eckpfeiler eines souveränen Staates. Aber es ist eben gerade erst zehn Jahre her, daß die alliierten Demontage-Kommandos in der Gußstahlfabrik Millionenwerte vernichteten.

Die Erinnerung, wie die Firma wegen ihrer einseitigen Ausrichtung an den Rand des Zusammenbruchs geriet, ist nicht verblaßt. Krupp hat sich unter riesigen Mühen hochgerappelt und steht jetzt gut da, ohne daß in nennenswertem Umfang Waffen dazu beitrügen. Warum also sollte man dies radikal ändern?

In Berlin drängelt das Waffenamt der Wehrmacht. Krupp soll, wie andere Firmen auch, aufhören mit dem Zieren und Zaudern. Die nach wie vor gültigen Versailler Verträge mit ihren festgeschriebenen Einschränkungen sind für den »Führer« bestenfalls Fassade, die man fürs Ausland noch eine Weile aufrechterhalten muß. Hitler, der nach seinen Erfahrungen im Ersten Weltkrieg »beschloß, Politiker zu werden«, kann und will sich Aufrüstungspläne ohne Krupp nicht vorstellen. Die Firma und ihr Mythos gelten ihm, der sonst wenig von Unternehmern hält, ob zu Recht oder nicht, als etwas Besonderes. Nicht von ungefähr heißt es wenig später, die deutsche Jugend solle »hart wie Kruppstahl« werden.

Es mag eine Mischung aus Druck und echter Bewunderung für Hitlers vermeintliche Erfolge gewesen sein, die Gustavs vielleicht vorhandene Bedenken schließlich zerstreuen. Nicht unbedingt die Art, wie Hitler, aber allein der Umstand, daß er in Deutschland politische Friedhofsruhe erzwingt, ist ihm ganz recht. Auch daß Deutschland machtpolitisch wieder etwas gelten soll in der Welt, findet seine Zustimmung. Und die Gemeinschafts-Ideologie, die die Nazis der Wirtschaft verordnen, die Negierung von Klassendifferenzen und -interessen ist ohnehin ganz und gar »kruppsch«. Die Brutalität des Regimes, die staatlichen Auftragsmorde im Zusammenhang mit dem angeblichen »Röhm-Putsch« – all dies blendet Gustav Krupp von Bohlen und Halbach aus. Hitler ist legal an die Macht gekommen, also ist er sakrosankt, also verbittet er sich in seiner Gegenwart jede Kritik. Punktum! Das ist der politisch leider enge Horizont dieses Mannes, der 1935 das Pensionsalter erreicht hat.

Verachtung, Jubel-Arien und eine denkwürdige Entlassung

Zu Hause auf Villa Hügel wird Gustavs Haltung nicht unbedingt geteilt. Von Gattin Bertha heißt es, daß sie den Emporkömmling

aus Österreich schon wegen seines ordinären Wesens nicht aus-
stehen kann. Krupp-Biograph William Manchester stichelt allerdings, dies wäre wohl anders gewesen, hätte der neue Kanzler
Adolf von Hitler geheißen und im Ersten Weltkrieg einen Offi-
ziersrang statt den eines Gefreiten bekleidet. Das ist natürlich Un-
sinn, denn dann wäre Hitler nicht der geworden, der er war. Wenn
man den spärlichen, meist auf mündlicher Überlieferung basie-
renden Informationen glauben darf, sieht Bertha Krupp, nüchtern
wie sie ist, den Dingen durchaus auf den Grund. Sie scheint von

Anfang an gespürt zu haben,
daß die Nazis die scheinbar
unverrückbaren Werte ihrer
bürgerlichen Welt mit Füßen
treten werden. »Gehen Sie
hinunter und sehen Sie, wie
tief wir gesunken sind«, soll sie
einer Bediensteten gegenüber
geäußert haben, als auf Gustavs
Geheiß auf dem Hügel-Dach
zum ersten Mal die Haken-
kreuzfahne am Mast hängt.

Berthas Antipathien verhindern allerdings nicht, daß, wie
früher der Kaiser, nun Hitler
und seine Paladine häufig zu
Gast sind auf dem Hügel und in
der Fabrik, obwohl das Verhältnis sicher nicht die Herzlichkeit
hat wie zum früheren Monarchen, der sogar auf dem Hügel
zu übernachten pflegte. Das immerhin ist Hitler nicht vergönnt.
Dennoch: Es sind peinliche Jubel-Arien, nachzulesen in der vier-
zehntägig erscheinenden Werkszeitschrift, die Gustav anläßlich
der Besuche des »Führers« sowie vieler anderer Gelegenheiten zum
besten gibt. »Er sagt, was man von ihm erwartet«, meint Gert von
Klass, der Krupp-Biograph der fünfziger Jahre und als solcher gefangen in den Rechtfertigungsreflexen der Nachkriegszeit. Nein,
es sind Reden, die das Maß nicht zu umgehender Anpassung oft

Gast auf dem
Hügel, wenn auch
nicht über Nacht:
Hitler mit Gustav
und Bertha Krupp
von Bohlen
und Halbach
im Hügel-Park,
wohl Ende der
dreißiger Jahre.

überschreiten und die eben deshalb auch durchaus Gustavs ehrliche Gesinnung widerspiegeln. Von Hitlers »staatsmännischem Genie« ist da die Rede, von der »überwältigenden Kraft dieser Persönlichkeit«, und selbst religiös anmutende Formeln sind nicht selten: »Hitler gedenken wir in Verehrung und Glauben, in Liebe und Dank.«

Zu Gustav Krupps Gunsten festzustellen ist immerhin, daß er sich meist auf die außen- und wirtschaftspolitischen »Erfolge« beschränkt und sich ausnahmslos jeder antisemitischen Hetze enthält. Selbst Krupp-Gegner wie der Schriftsteller Bernt Engelmann räumen ein, daß Krupp an den jüdischen Mitarbeitern festhielt, solange es ging. Eine schwierige Gratwanderung scheint der Umgang mit Professor Benno Strauß gewesen zu sein, dem langjährigen Abteilungsdirektor und Leiter aller Kruppschen Prüfinstitute und Versuchsanstalten. Es dürfte in der langen Krupp-Geschichte nur wenige Mitarbeiter gegeben haben, denen die Firma so viel zu verdanken hat. Der geniale Physiker ist ein Pionier der wissenschaftlichen Metallurgie, und er ist der Schöpfer des nichtrostenden Stahls – eine Erfindung, ohne die das wirtschaftliche Überleben des Unternehmens nach dem Ersten Weltkrieg nur schwer vorstellbar gewesen wäre. Aber Strauß entstammt einer jüdischen Familie aus Fürth und wird deshalb Ende 1934 mit einundsechzig Jahren in den vorzeitigen Ruhestand geschickt. Unter der Überschrift »Abschiedsfeiern für Professor Strauß« erscheint einige Wochen später ein bemerkenswerter Artikel in der schon durch und durch auf NS-Journalismus getrimmten Werkszeitung. Ein Bericht, der die Leistungen des jüdischen Wissenschaftlers geradezu überschwenglich lobt, freilich ohne die Gründe des so plötzlichen Ausscheidens zu nennen.

Solche Größe zeigt Krupp allerdings nur einmal. Als die Chemischen Laboratorien und die Probieranstalt einige Jahre später fünfundsiebzigjähriges Jubiläum feiern, fallen viele unbedeutende Namen, nur einer wird verschwiegen: Benno Strauß. Statt zu fliehen und im Ausland einen angenehmen Lebensabend zu verbringen, was sein Ansehen gewiß ermöglicht hätte, bleibt er – wie so viele jüdische Patrioten – in Deutschland. Im September 1944 muß der alte Mann in ein Arbeitslager einrücken. Dort stirbt er noch im selben Monat.

Produktivitätszuwachs in allen Sparten

Die dreißiger Jahre bis zum Beginn des Zweiten Weltkriegs sind für Krupp, wirtschaftlich gesehen, eine glückliche Phase, wie es sie so seit Ende des Ersten Weltkriegs nicht mehr gegeben hat. Dazu trägt neben der lebhaften Inlandsnachfrage vor allem der boomende Export bei. Die Firma ist weltweit eine erste Adresse vor allem für Spezialanfertigungen im Maschinen- und Aggregatebau. Die Lok-Fabrik, 1919 aus der Not geboren, bietet innovative Lösungen für eine Zeit, der zunehmend mehr an »Tempo« und rationeller Energieausnutzung gelegen ist. Überhaupt wird jetzt deutlich, wie richtig es war, sich vom Massenstahl und von Allerweltsprodukten stärker ab- und der hochwertigen Metallverarbeitung zuzuwenden. Anlaß zur Zufriedenheit gibt auch das Gruson-Werk, das sich zum Spezialisten für Anlagenbau entwickelt. Maschinen aus Magdeburg sind oft genau auf die Kundenwünsche abgestimmte Sonderanfertigungen, die Stahl und Blech walzen, der Bearbeitung von Baustoffen dienen, Zuckerrohr zerkleinern oder Speiseöl pressen. Kein Land, das bezahlen kann, ist den Krupp-Ingenieuren zu exotisch, was den guten Ruf in der nach dem Zweiten Weltkrieg so genannten Dritten Welt wesentlich mitbegründet. Zwanzig, dreißig Jahre später wird man unter ganz anderen Voraussetzungen dankbar daran anknüpfen. Selbst die Germaniawerft, jahrzehntelang das Sorgenkind des Konzerns, ist gut beschäftigt, unter anderem mit dem Bau von Tankern für die US-amerikanische Standard Oil Company.

Wenn die Gewinne etwa 1934/35 mit 107 Reichsmark pro Belegschaftsmitglied (Gutehoffnungshütte: 235 Mark) dennoch relativ bescheiden bleiben, so hängt dies offenbar mit der sehr personalintensiven Produktion zusammen. Stolz kann Gustav Krupp bei der Mai-Feier 1939 verkünden, daß sich die Zahl der Mitarbeiter seit 1933 fast verdreifacht hat und im Konzern nun insgesamt 125.000 Menschen beschäftigt sind. Die gute Ertragslage gibt auch dem Wohnungsbau wieder neuen Schub, wobei der Baugrund jetzt in der Regel weiter von den Werksanlagen entfernt liegt. Die verbesserten Verkehrsverbindungen und das verständliche Bedürfnis, komfortabler und gesünder zu wohnen, kommen hier zusammen. »Schweren Herzens«, beteuert Gustav, hat man sich

Gigantomanie ohne großen militärischen Nutzen: »Dora«, das größte jemals bei Krupp gebaute Ferngeschütz.

andererseits entschlossen, die große Siedlung Kronenberg abzureißen. Während zur Zeit ihrer Entstehung in den siebziger Jahren des 19. Jahrhunderts die Fabrik noch ziemlich weit entfernt lag, sind die Hallen nun ganz dicht an die Häuser herangerückt. Und das Essener Werk soll trotz schwieriger werdender Grundstücksverhältnisse weiter wachsen können.

Das Soziale: Immer noch ganz oben angesiedelt

Hoher Aufwand gilt auch dem firmeneigenen Gesundheitswesen, dessen Ursprünge auf das Jahr 1836 zurückgehen, dem 1872 ein eigenes Hospital angeschlossen wurde und das inzwischen ein selbständiger Betrieb mit großem Krankenhaus, Zahnklinik und Erholungsheimen geworden ist. Auch sonst sind im Sozialen die traditionell üblichen Leistungen – etwa der wichtige »Konsum« – über die Krisenzeiten hinweg gerettet und weiterentwickelt worden. Zahlenvergleiche unter den Montanunternehmen sind hier für Krupp durchaus schmeichelhaft: Während Klöckner im Geschäftsjahr 1934/35 nur 18 Mark effektive Sozialausgaben pro Mitarbeiter ausweist, sind es bei den Vereinigten Stahlwerken 54, bei der Gutehoffnungshütte 92, bei Krupp aber 140 Mark. Nur Bosch und Siemens sind noch großzügiger. Interviews, die der Historiker Ulrich Herbert um 1980 mit lange pensionierten Kruppianern führte, zeigen, daß diese im Ruhrrevier einzigartigen materiellen Vorteile zusammen mit dem Sozialprestige in jenen Jahren noch nichts an Strahlkraft verloren haben. Bei Krupp zu arbeiten – »das war schon was«, erinnert sich eine Interviewpartnerin. Es sei in Essen nicht untypisch gewesen, die Wahl des Lebenspartners auch von dessen sicherer, gutes Einkommen versprechender Stellung bei Krupp abhängig zu machen.

Es verwundert nicht, daß bei diesen Rahmenbedingungen in den Jahren bis zum Krieg selbst kritische Zeitgenossen mitunter Mühe haben, ihre innere Distanz zum Regime aufrechtzuerhalten. Golo Mann drückt es in seiner souveränen und unverblümten Art so aus: »Das Dritte Reich machte einer Minderheit das Leben zur Qual, aber erhöhte die Lebensfreude einer gewaltigen Mehrheit«, schreibt er in einem bisher nur auszugsweise veröffentlichten Essay über Gustav und Alfried Krupp.

Die Rüstung: Wichtig, aber nicht mehr übermächtig

Beim Thema Rüstung macht der Firmenchef nach außen deutlich, daß man wieder bereitstehe. Nach innen ist die Firma jedoch bemüht, nicht wieder in das Fahrwasser einer einseitigen Entwicklung zu geraten, und der Spielraum dafür wird Krupp, aber auch anderen, zunächst durchaus zugestanden. Der Anteil des Kriegsgeräts am Gesamtumsatz wächst nur langsam von 8 Prozent (1934) auf 12 Prozent (1939) und erreicht damit bei Krupp nicht annähernd die Bedeutung wie vor dem Ersten Weltkrieg. Allerdings beschäftigt sich 1939 allein in Essen wieder jeder vierte Kruppianer mit der Rüstung. Lastwagen für die Wehrmacht und die alte Spezialität, die Artillerie, gehören zum Programm, wobei Krupp ganz offensichtlich auch Konstruktionspläne, die vor 1933 entstanden, aus der Schublade holt und zur Serienreife bringt. Für diese Vorleistungen erwartet und erhält man finanziellen Ausgleich in Form besonderer Abschreibungen und Endpreise. Im ganzen trägt die Gußstahlfabrik weniger mit Standardmaterial in Großserien zur Aufrüstung bei als eher durch Sonderanfertigungen, darunter erneut weittragende Geschütze großen Kalibers. Stark herangezogen für die Kriegsvorbereitungen wird die Kieler

Germaniawerft, auf der 1906 das erste deutsche U-Boot vom Stapel lief und die diese auch in der Weimarer Republik nicht ganz abgerissene Tradition nun fortsetzt. Der Bau konventioneller Kriegsschiffe kommt hinzu.

Die Schwerindustrie ist zwar weiter unverzichtbar, jedoch im wahrsten Sinne des Wortes nicht mehr alleine kriegsentscheidend. Eine bewegliche motorisierte Offensiv-Armee mit starker Luftwaffe, wie Hitler und die Wehrmacht sie anstreben, ist mindestens ebensosehr auf die Fahrzeug- und Flugzeugwerke, auf die elektrotechnische, chemische und feinmechanische Industrie angewiesen. Neben den altbekannten Ruhr-Konzernen sind daher jetzt auch andere Namen stärker in die Rüstung verstrickt: Daimler-Benz und BMW, Siemens und AEG, Zeiss und IG Farben. Hinzu kommen Tausende weithin unbekannte Mittelständler.

Im Verlauf des Zweiten Weltkriegs verengt sich der Spielraum der Unternehmen. Hitler stattet staatliche Stellen mit großen Befugnissen aus, um den Rüstungskomplex effektiver zu koordinieren und möglichst zentral zu steuern. Die Industriellen genießen hier zwar erhebliche Mitsprache, jedoch keine Entscheidungsfreiheit. Verlangt wird besonders die Produktion von Panzern. Schon in der Weimarer Zeit arbeitete Krupp an entsprechenden Plänen, doch müssen für den Panzerbau in Essen noch während des Krieges erst neue Werkstätten entstehen. Bei aller Rhetorik nach außen – auch Gustav bemüht jetzt gerne das Wort von der »Waffenschmiede des Reiches« – ist man in Berlin mit Krupps tatsächlichem Engagement dennoch nicht immer zufrieden.

Ein gewichtiger Zeuge

Einer der Zeugen dafür ist Albert Speer, in der zweiten Kriegshälfte der mit allen Vollmachten ausgestattete Reichsminister für Bewaffnung und Munition und damit eine der entscheidenden Figuren für die Industrie. Speer hat sich nach seiner Freilassung aus dem Spandauer Kriegsverbrechergefängnis im Jahre 1966 als durchaus zuverlässige Quelle der historischen Forschung erwiesen. Im Gespräch mit dem Historiker Gustav Hermann Seebold charakterisiert er 1978 Krupps Haltung so: »Es bestand von seiten der Firma Krupp keine große Neigung, sich in der Rüstung zu stark zu engagieren. Die Firma war vielmehr bemüht, ihre zivilwirtschaftlichen Fertigungsprogramme auszuweiten, soweit diese in die Rüstungswirtschaft hineinpaßten. Die Produktion von Lokomotiven, Motoren und dergleichen hatte bei Krupp eindeutig Vorrang vor der Herstellung von Geschützen.« Speer zufolge war etwa Krupps alter Konkurrent, der Bochumer Verein, »mit weit größerem Enthusiasmus« bei der Sache, wobei den Essenern andererseits kein Heiligenschein gebühre: »Natürlich konnte die Firma Krupp Rüstungsaufträge nicht ablehnen – schon allein wegen des damit verbundenen Verdienstes hat sich Krupp bereitwillig am Rüstungsprogramm beteiligt.«

Krupp war bevorzugtes Ziel im Bombenkrieg: Das schwer beschädigte »Turmhaus« inmitten der zerstörten Werksanlagen.

Diese Aussagen stehen zu anderen Quellen nicht im Widerspruch. Auch ist kein Grund erkennbar, weshalb Speer ausgerechnet die Rolle Krupps hätte schöner färben sollen, als sie war. Seebold hat in seiner Untersuchung über den Bochumer Verein im Dritten Reich, nicht zuletzt gestützt auf Speer, folgende These aufgestellt: »Angestellte Manager waren dem Nationalsozialismus gegenüber aufgeschlossener als die Mehrzahl der Firmeneigner.« Das Eigenverständnis als »neue technokratische Elite« erkläre die

»frühzeitige Nazifizierung des Managements des Bochumer Vereins« – und als Folge das gegenüber anderen aktivere Engagement in der Rüstung. Bei der »Abrechnung« der Sieger nach dem Krieg fallen derlei Differenzierungen allerdings unter den Tisch. Man will Symbole auf der Anklagebank sehen.

Die andere Seite des Krieges

Noch als die deutschen Armeen von Sieg zu Sieg eilen, lernt die Familie Krupp von Bohlen und Halbach den Krieg sehr persönlich von einer anderen Seite kennen. Claus von Bohlen, der zweitälteste Sohn, als Flieger bei der Luftwaffe eingesetzt, stürzt mit seinem Flugzeug im Januar 1940 über der Eifel ab und stirbt. Der auf den vielen vorhandenen Familienfotos im Gegensatz zu seinem älteren Bruder Alfried immer keck und herausfordernd Dreinblickende hatte zwei Jahre zuvor mit erst achtundzwanzig Jahren den Vorstandsvorsitz der Berndorfer Metallwaren-Fabrik übernommen. Es handelt sich dabei um die österreichische Unternehmung von Alfred Krupps Bruder Hermann, die nach fast neunzig Jahren – mehr oder weniger marode – in den Krupp-Konzern zurückgekehrt war. Ernst Schröder, der frühere Krupp-Archivar, glaubt, daß Gustav eigentlich Claus für den »innerlich berufenen Nachfolger« gehalten hat – was immer daraus auch konkret zu folgern gewesen wäre.

In den öffentlichen Reden Gustavs nach diesem tragischen Ereignis ist nichts von Zweifeln oder Nachdenklichkeit zu spüren, eher von einer gewissen Verhärtung, die nun auch altersbedingt sein mag. Das Regime benutzt ihn als Galionsfigur, und man muß annehmen, daß er dies nicht einmal mehr bemerkt. Der Mobilisierung aller ökonomischen Kräfte im »totalen Krieg«, wie Hitler sie verlangt, kann und will er sich nicht verweigern. Es häufen sich allerdings die Hinweise, daß dem über Siebzigjährigen mehr und mehr das Heft aus der Hand genommen wird. Hitler, Speer und die Waffenämter der Wehrmacht konferieren lieber direkt mit den Verantwortlichen in den Kruppschen Konstruktionsbüros, vor allem mit dem Chef der Abteilung »Kanonen«, Professor Erich Müller. Ihm gelingt noch einmal eine technische Leistung, die wegen ihrer Gigantomanie so recht in jenes Bild paßt, das sich die Welt von Krupp gemacht hat: »Dora«, das größte bis dato gebaute Geschütz mit einem Kaliber von 80 Zentimetern und einer Rohrlänge von 40 Metern, wird entwickelt, um die sowjetische Festungsstadt Sewastopol sturmreif zu schießen. Die riesige Lafette kann nur auf zweigleisigen Bahnstrecken transportiert werden, weshalb der Nutzen für die moderne bewegliche Kriegführung kaum den Millionenaufwand gerechtfertigt haben kann. Als man sich später fragt, was mit dem Gerät anzufangen ist, soll Hitler vorgeschlagen haben, es für direkten Panzerbeschuß einzusetzen. Die lakonische Antwort des Generals Guderian: »Schießen ja, aber treffen niemals.« Eine bezeichnende Episode. Überhaupt scheinen die Leistungen, die Krupp erbringt, Hitlers chronisch überspannte Erwartungen enttäuscht zu haben. Dem aus dem Ersten Weltkrieg herrührenden Nimbus hat die Firma in den Augen der Rüstungsbeauftragten jedenfalls nur selten entsprechen können.

Zukunftsgedanken

Etwa um die Zeit, als der Krieg eine für die Alliierten günstige Wendung nimmt, denken Bertha und Gustav Krupp von Bohlen darüber nach, wie sie ihr Haus bestellen können. Für Gustav, inzwischen ernstlich erkrankt, ist dabei eines unumstößlich: Die gesamte Firma soll auch in den kommenden Generationen in einer Hand bleiben, so wie es Alfred Krupp in seinem Testament festgelegt hat. Ein schwieriges Unterfangen, denn die Rechtslage ist inzwischen eine andere. Bertha als Eigentümerin und Erblasserin hat schließlich sechs erbberechtigte Kinder. Mit der Verlegenheitslösung des »Reichserbhofgesetzes«, das die Zersplitterung bäuerlichen Besitzes verhindern soll, hofft Gustav ans Ziel zu kommen. Ein Konzern als »industrieller Erbhof«? Hitler beschließt, eine endgültige gesetzliche Lösung zu vertagen, jedoch in diesem Fall eine Ausnahme zu machen. Die »Lex Krupp« ermöglicht es mit Wirkung vom 29. Dezember 1943, Krupp von einer Aktiengesellschaft in eine Einzelfirma umzuwandeln und als alleinigen Inhaber den ältesten Sohn Alfried einzusetzen. Der Sechsunddreißigjährige darf sich – auch dies ist Bestandteil des

Das Denkmal Alfred Krupps vor der zerstörten Essener Marktkirche. Auf den Stufen ein amerikanischer Soldat.

Sondergesetzes – von nun an Alfried Krupp von Bohlen und Halbach nennen.

Einem ernsten, stillen Mann fällt nun diese große Verantwortung zu. Alfried hat eine Kindheit und Jugend hinter sich, die man nicht anders als freudlos nennen kann und die für den Erstgeborenen noch stärker von Pflicht und Disziplin bestimmt ist als bei seinen Geschwistern. Nach dem Abitur studiert er Physik, Chemie und Metallurgie, doch muß er sich in der Firma auf Anweisung des Vaters nebenher mit dem Schmiede- und Schlosserhandwerk vertraut machen und dabei wie jeder andere auch am Tor die Stechuhr drücken. Kommt Alfried zu spät, steht sein Name an der großen Tafel am Pförtnerhaus, dort, wo die »Bummelanten« aufgeführt werden.

Nach dem Abschluß als Diplom-Ingenieur rückt er bei Krupp 1936 in Führungspositionen ein, doch bleibt er noch lange ein Lernender, wie es seiner zurückhaltenden, bescheidenen Art entspricht. Ein Leben nach einem strengen Plan, in dem es bis ins höhere Erwachsenenalter nur einmal ein eigenmächtiges Ausscheren gibt: 1937 heiratet Alfried gegen den ausdrücklichen Willen seiner Eltern die Hamburger Kaufmannstochter Annelise Bahr. Aus der Ehe geht 1938 Alfrieds einziger Sohn Arndt hervor. Die Scheidung, so heißt es, wird von Bertha und Gustav schließlich 1941 mit dem Druckmittel der Enterbung erzwungen. In einem der seltenen Momente, in denen er öffentlich Gefühle preisgibt, hat Alfried von Bohlen das enge Korsett seines Daseins später einmal so beschrieben: »Mein Leben hat nie von mir selber abgehangen.«

Bomben auf Essen

Als der junge Krupp in Essen die formelle Führung übernimmt, sind die Fabriken bereits mehrfach durch Bombenangriffe schwer beschädigt worden. Der allen Rücksichten enthobene Luftkrieg macht allerdings auch vor der Zivilbevölkerung nicht halt, und das schon gar nicht in Essen. Das Kalkül der Alliierten ist simpel: Wer sich um sein Haus und seine Familie sorgt, wer beim Alarm aufschreckt und aus Angst vor den Bomben eine schlaflose Nacht im Keller oder im Bunker verbringt, der wird tagsüber in der Fabrik nicht die volle Leistung für die Kriegsmaschinerie bringen können. So zahlt die Krupp-Stadt Essen, auf die immer auch ein bißchen vom Glanz des Konzernnamens fiel, dafür jetzt den hohen Preis der annähernd totalen Zerstörung, und die Stadtteile, in denen traditionell viele Kruppianer wohnen, trifft es besonders hart. Noch gelingt es allerdings erstaunlich schnell, nach jedem Angriff die Produktion wieder in Gang zu bringen.

In der Villa Hügel, die bis zuletzt vom Luftkrieg verschont bleibt, wohnt von der Familie nur noch Alfried. Seine Eltern haben sich seit Sommer 1944 auf ihr Schloß Blühnbach in Österreich zurückgezogen, drei Brüder leisten Kriegsdienst, die Schwestern sind verheiratet und leben außerhalb Essens. Neben ausgelagerten Firmenbüros finden auch einige ausgebombte leitende Angestellte auf dem Hügel ein Zuhause – der neue Firmenchef hat ihnen in den Gästezimmern des riesigen Hauses Obdach gewährt. Es sind schweigsame, bedrückende Abende, die diese Runde miteinander verbringt. Abende, in denen die Politik keine Rolle spielt. Alfried ist zwar 1938 nach seiner Berufung ins Direktorium der NSDAP beigetreten, doch man darf zu seinen Gunsten annehmen, daß dies wie bei nicht wenigen Deutschen pro forma und ohne große innere Zustimmung zum Regime geschah. Kompromittierende Äußerungen hat auch der spätere Kriegsverbrecherprozeß jedenfalls nicht ans Licht gebracht. In der »Reichsvereinigung Eisen«, die Speer helfen soll, das Letzte aus der Industrie und ihren Mitarbeitern herauszupressen, ist Alfried einer der stellvertretenden Vorsitzenden, ohne bei Besprechungen groß in Erscheinung zu treten.

Verhaftungen

Wie es um den politischen Einfluß und das Ansehen der Krupps bei Hitler wirklich bestellt ist, zeigt sich nach dem gescheiterten Attentat im Juli 1944. Schon in den dreißiger Jahren pflegte Gustav Krupp Kontakte zum 1937 zurückgetretenen Leipziger Oberbürgermeister Carl Goerdeler, der die nationalkonservative Flanke des Widerstands repräsentiert und dem er Informationsreisen, unter anderem in die USA, finanzierte. Die beabsichtigte Berufung des hervorragenden Verwaltungsexperten ins Direktorium wird in Berlin allerdings abgelehnt. Weil Gustavs Schwager Tilo von Wilmowsky in besonders enger Fühlung zu Goerdeler steht und ohnehin seit langem als politisch unzuverlässig gilt, gerät er in die Verhaftungswelle und wird in ein Konzentrationslager eingeliefert. Auch seine Frau Barbara, die Schwester Berthas und die Tochter Friedrich Alfred Krupps, verbringt Wochen im Gefängnis. Niemanden bei der Gestapo beeindruckt diese enge familiäre Beziehung zum Haus Krupp. So eng begrenzt also ist die Macht einer Industriellendynastie, von der Ideologen nach dem Krieg behaupten, sie hätte Hitler in Wahrheit am Gängelband geführt. Nur mit viel Glück wird Wilmowsky das KZ Sachsenhausen überleben und nach der Kapitulation freikommen.

Ein Großangriff im Oktober 1944 trifft die Werke in ihren Lebensnerv. Die Energieversorgung, ohne die kein Elektrostahlwerk und keine Drehbank arbeiten kann, ist in Essen zusammengebrochen und nur noch stundenweise wieder herzustellen. Das Knäuel aus zerborstenen Hallen, beschädigten Maschinen und unterbrochenen Leitungen ist keine Fabrik mehr. Allein das Hüttenwerk in Essen-Borbeck bleibt bis zuletzt intakt, liegt wegen ausbleibenden Stroms jedoch ebenfalls still. Der Befehl aus Berlin, auch diesen Rest noch im Sinne der »verbrannten Erde« zu zerstören, wird nicht mehr ausgeführt – aus Mangel an Möglichkeiten, nicht etwa, weil es an Parteifanatikern fehlt.

Am 11. April 1945 nähert sich in schneller Fahrt ein Jeep dem Hauptportal der Villa Hügel, im Schlepptau ein Pressefotograf. Ihr Auftrag: Krupp sofort verhaften. Weil die amerikanischen Soldaten von einem, wie man hört, so finsteren Gesellen Widerstand befürchten, haben sie ein Maschinengewehr aufgepflanzt. In der

Tür empfängt sie der Butler Karl Dohrmann, höflich und form-vollendet wie immer. »Herr von Bohlen erwartet Sie. Würden Sie bitte näher treten.« Aber dem kommandierenden Hauptmann ist nicht nach Etikette. In der Bibliothek im Erdgeschoß trifft er auf Alfried. Im festen Griff führt er ihn unsanft nach draußen. Das Bild, das dort aufgenommen wird, geht um die Welt. Unbewegt, scheinbar gelassen, sogar mit einer Spur Erleichterung im Blick hockt Alfried Krupp auf dem Notsitz des Jeeps, hinter ihm der grimmig dreinschauende Maschinengewehrschütze. Er ahnt nicht, daß er erst nach sechs langen Jahren wieder freikommt.

Das Bild, das um die Welt ging: Alfried Krupp von Bohlen und Halbach wird am 11. April 1945 von amerikanischen Truppen verhaftet und in einem Jeep abtransportiert.

PROZEß, DEMONTAGE, ENTFLECHTUNG 1945 – 1953

Ein Mythos auf der Anklagebank
–
Gustav oder Alfried?
–
Die Existenzgrundlage vieler ist in Gefahr
–
Mißhelligkeiten zwischen Anklage und Verteidigung
–
Siegerjustiz?
–
Das Kapitel »Zwangsarbeit«
–
Die Frage nach der Schuld
–
Demontageliste und Liquidationsplan
–
Wenig Licht am Ende des Tunnels
–
Frei und teilweise rehabilitiert

An die Arbeit und aufräumen! Das ist der erste Befehl, den die Krupp-Direktoren von den amerikanischen Kampftruppen erhalten, die Essen am 11. April 1945 besetzen. Im Lauf des Frühjahres melden sich zwanzigtausend Kruppianer zurück an ihre Arbeitsstellen. So hat es sich Alfried Krupp von Bohlen wohl vorgestellt, der in den ersten Verhören auf die Frage, wie er seine Zukunft sehe, antwortet: »Ich werde selbstverständlich meine Werke wieder aufbauen und die Produktion aufnehmen. Wie Sie wissen, bin ich Geschäftsmann und kein Politiker.« Doch wer immer gehofft haben mag, es werde wie nach dem Ersten Weltkrieg einen Neuanfang unter erschwerten Bedingungen geben, aber immerhin einen Neuanfang, der verkennt vorerst die Realitäten. Einen Vorgeschmack darauf, daß Krupp für die Sieger nicht irgendeine Firma ist, bieten schon die ersten Tage der Besatzung, in denen Soldaten in den Verwaltungsgebäuden Schrank für Schrank nach belastendem Material durchsuchen.

Im Juni übernehmen die Briten das Kommando in Essen, der Stadt, die zu ihrer Besatzungszone gehört. Der Ton ist nun entschieden eisiger. Alle Vorschläge, mit sinnvoller Arbeit zu beginnen, werden vom Tisch gefegt – mit ein paar Ausnahmen: Die Lok-Fabrik erhält die Erlaubnis, beschädigte Lokomotiven zu reparieren, und auch das Widia-Werk darf wieder arbeiten, weil die Hartmetalle für den Bergbau unentbehrlich sind. Ein paar Nebenbetriebe, ebenfalls mit dem Schwerpunkt Reparatur, kommen hinzu. Das sind nicht mehr als ein paar tausend Arbeitsplätze, aber immerhin besser als nichts. Noch kann niemand in Essen ahnen, welches Damoklesschwert über Familie und Firma hängt. Doch ungefähr zur selben Zeit fällt in den alliierten Arbeitsstäben, die sich mit der Vorbereitung des Nürnberger Prozesses gegen die Hauptkriegsverbrecher beschäftigen, der Name Krupp.

Ein Mythos auf der Anklagebank

Auf ein und derselben Anklagebank mit Göring und Außenminister Ribbentrop, mit dem Leiter des Reichssicherheitsamtes, Kaltenbrunner, und dem Chef des Oberkommandos der Wehrmacht,

Alfried Krupp mit »Dreitagebart« bei der Vernehmung durch einen amerikanischen Beamten in Nürnberg.

Keitel, soll Krupp die »wirtschaftliche Seite« der nationalsozialistischen Verbrechen repräsentieren. »Krupp ist der Brennpunkt, das Symbol und der Nutznießer der unheilvollen Kräfte, die den Frieden Europas bedrohten.« So sieht es – bedrohlich genug – der amerikanische Hauptankläger Robert Jackson. Und diese unheilvolle Bedeutung der Firma habe nicht erst 1933 begonnen, sondern schon weit vor dem Ersten Weltkrieg. In den Augen der Welt führen die Wurzeln des Hitler-Staates nicht nur in gerader Linie zu Bismarck, sondern auch zu Alfred Krupp. Vier Krupp-Generationen hätten nicht nur im Dienst des »deutschen Militarismus« gestanden, sondern diesen mitgeprägt.

Eine schwere, eine bitterernst gemeinte Anschuldigung. Der auch im Westen vom Marxismus inspirierte Zeitgeist, der nichts vom Primat der Politik wissen will, sondern »ökonomische Triebkräfte« in den Vordergrund jeder Entwicklung rückt, ist die eine Erklärung. Und dann ist da die gewiß auch selbstgestrickte Firmenlegende, die sich längst verselbständigt hat und nicht mehr nach Fakten fragt: der fast hundert Jahre alte Mythos von den »Kanonenkönigen«, den man bei Krupp ganz gerne gepflegt hat, denn er war nicht schlecht fürs Geschäft. Lange konnte man in Essen über die »Enthüllungsbücher« eines Bernhard Menne, über die vielen kritischen und nicht immer seriösen Reportagen in den

133

amerikanischen und englischen Zeitungen kopfschüttelnd und vielleicht ein bißchen geschmeichelt hinwegsehen. Jetzt liegt all dies, geadelt als glaubwürdiges Informationsmaterial, auf den Schreibtischen der Ankläger.

Lediglich die englischen Prozeßvertreter zweifeln, ob es überhaupt Sinn macht, Industrielle anzuklagen. Die Gefahr »peinlicher Freisprüche« sei zu groß, da man mutmaßlich nicht genügend Beweismaterial zusammenbringe. Doch die Mehrheit setzt sich durch. Daß es dann vorerst doch nicht zur Anklage kommt und zumindest beim Nürnberger Hauptprozeß die politisch-militärisch Verantwortlichen unter sich bleiben, ist letztlich einer Mischung aus Zufall, nachlässiger Prozeßvorbereitung und einem Mißverständnis unter den vier Siegermächten und innerhalb der US-Delegation zu verdanken, wie Telford Taylor, der spätere Ankläger im Sonderprozeß Krupp, schreibt. Während in den amerikanischen Unterlagen der Vorname Alfried auftaucht, gehen Franzosen, Engländer und Russen davon aus, daß Gustav auf die Anklagebank soll. Monatelang sucht man unter Beteiligung auch der Amerikaner nach Belastungsmaterial über den inzwischen Fünfundsiebzigjährigen. Es herrscht, obwohl man es besser wissen könnte, offenbar Unklarheit darüber, in welchem gesundheitlichen Zustand sich Gustav zu diesem Zeitpunkt bereits befindet.

Gustav oder Alfried?

Spätestens seit Februar 1945 ist der Familiensenior nicht mehr Herr seiner Sinne, liegt gelähmt und apathisch im Schloß Blühnbach bei Salzburg. Das Haupthaus hatten die amerikanischen Besatzer requiriert, so daß der Kranke mit Bertha und einer Pflegehilfe in einen Nebentrakt umziehen mußte. Selbst ein Laie würde auf den ersten Blick erkennen, daß dieser Mann keinen Prozeß durchstehen kann. Als sich auch eine alliierte Ärztekommission zu diesem Urteil durchringt, der Prozeß in Sachen Krupp also zu platzen droht, kommt Jackson in die Klemme. Der Chefankläger hat Angst vor der öffentlichen Meinung in den Vereinigten Staaten, die einen Krupp vor Gericht sehen will, koste es, was es wolle. Entweder, so sein Vorschlag, man verhandele gegen Gustav in Abwesenheit, oder das Tribunal soll ihn gegen Alfried austauschen. Die in Essen so hart auftretenden Briten verhindern dies schließlich. »Es handelt sich hier um ein Gerichtsverfahren«, erläutert der Kronanwalt Hartley Shawcross, »nicht um ein Spiel, bei dem man einen erkrankten Spieler durch einen anderen ersetzen kann.« Auch werde die Zeit nun knapp, da Alfried Gelegenheit haben müsse, sich auf die Verteidigung vorzubereiten, und der Prozeßbeginn bereits feststehe.

Man kann Telford Taylor nur zustimmen, wenn er im Rückblick schreibt, Alfried Krupp hätte 1945 »sehr viel Glück« gehabt. Ein Verfahren im Hauptprozeß wäre für den Konzernchef »vermutlich mit einem Todesurteil oder einer langjährigen Haftstrafe« beendet worden. Dagegen hätte eine eventuelle spätere Begnadigung die Zustimmung aller vier Mächte erfordert – im »Kalten Krieg« nahezu aussichtslos. Der Preis dafür, daß kein Krupp neben Göring Platz nehmen muß, ist die feste Absicht der Amerikaner, über einige ausgewählte Wirtschaftsführer später getrennt zu richten, darunter natürlich Alfried Krupp.

Die Existenzgrundlage vieler ist in Gefahr

Während sich in Nürnberg dieses Durcheinander abspielt, sind in Essen alle Direktoren verhaftet worden. Im November 1945 bestellt Douglas Fowles, Oberst bei der britischen Armee, die verbliebenen »Leitenden« in die oberste Etage des »Turmhauses« der Kruppschen Hauptverwaltung. »Meine Herren, da draußen wird nie mehr ein Schornstein qualmen«, sagt der kommissarisch eingesetzte Chef der Gußstahlfabrik mit einer Handbewegung in Richtung Fenster. Der Rundblick von dort ist zwar auch ohne diese Aussage trostlos genug, doch unter den zerborstenen Dächern gibt es noch viele wertvolle Maschinen und Anlagen, die durchaus intakt sind. Nur ein Drittel der Werke muß als Totalschaden abgebucht werden. Ein Jahr Reparatur, und bei Krupp könnte fast wieder gearbeitet werden wie früher. Aber von dieser Fabrik, so sehen es die Sieger, soll nie mehr Krieg ausgehen. Die Demontage, schwört Fowles der provisorischen Geschäftsführung, werde das Werksgelände in Parks und Wiesen verwandeln. »Die britische

Militärregierung hat beschlossen, mit Krupp für alle Zeit Schluß zu machen.« Eine katastrophale Ankündigung. Zu Recht sehen Zehntausende Kruppianer, Aktive und Rentner, ihre Existenzgrundlage in Gefahr.

Die Reparaturwerkstatt für Lokomotiven war der erste Krupp-Betrieb, der 1946 die Arbeit wieder aufnehmen durfte.

Das Borbecker Hüttenwerk müssen Kruppsche Arbeiter mit einem Kapitalaufwand von 27 Millionen Mark eigenhändig bis zur letzten Schraube abbauen, damit es als Reparationsleistung in die Sowjetunion geliefert werden kann; die 15.000-Tonnen-Schmiedepresse, die größte der Welt, ist Jugoslawien zugesprochen. Nichts von alledem geht jemals wieder in Betrieb, es verrottet ungenutzt. Um die Fabrik herum haben sich Dutzende Schrotthändler angesiedelt, die mit stiller Duldung der Besatzungsmacht kaufen, was immer ihnen Plünderer bringen. Fünftausend Kruppianer sind zum »Großeinsatz Stadt« abkommandiert – zum Aufräumen und Flicken der Straßenkanäle im zerbombten Essen. Der Arbeitseinsatz hat den Vorteil, daß die erfahrene Belegschaft erst einmal nicht in alle Winde zerstreut wird. Die Geschäftsführung kann sich allerdings des zutreffenden Eindrucks nicht erwehren, daß die Siegermächte einen Wiederaufbau der Fabrik nicht wünschen.

Mißhelligkeiten zwischen Anklage und Verteidigung

Der Prozeß Vereinigte Staaten von Amerika gegen Alfried Felix Alwyn Krupp von Bohlen und Halbach sowie elf Mitglieder des Direktoriums beginnt am 17. November 1947. Erst kurz zuvor, im August, war den Angeklagten nach zwei Jahren Haft und vielen Verhören mitgeteilt worden, was man ihnen eigentlich genau vorwirft. Dies führt dazu, daß die Ankläger bei der Eröffnung des Verfahrens eindeutig im Vorteil sind. Es ist nur der Beginn einer Kette von Mißhelligkeiten zwischen Anklage und Verteidigung, deren Gründe zunächst einmal in den unterschiedlichen Strafprozeßordnungen zu suchen sind. Dann mangelt es den drei von amerikanischen Provinzgerichten nach Nürnberg abkommandierten Richtern an jeder Erfahrung im internationalen Straf- und Völkerrecht. Schließlich ist da der Zeitdruck, der der komplizierten Materie nicht gerecht wird. Nur ein halbes Jahr ist veranschlagt, und das bei Hunderten von Zeugen und zigtausend Aktenseiten. Als das Gericht mehr und mehr dazu übergeht, vor allem Entlastungszeugen nicht selbst zu hören, sondern damit beauftragte Hilfsrichter einzuschalten, kommt es zum Eklat: Die deutschen Rechtsanwälte verlassen aus Protest den Saal, werden durch Militärpolizei zurückgeholt und zu drei Tagen Haft verurteilt. Wahlfreiheit beim Rechtsbeistand – Alfried hatte bereits einen US-Anwalt engagiert – wird aus nicht nachvollziehbaren Gründen abgelehnt. Der Eindruck auf deutscher Seite, hier handele es sich um Siegerjustiz, wird durch solche Episoden natürlich verstärkt.

Alfried Krupp sitzt auf der Anklagebank genau da, wo zwei Jahre zuvor Göring als ranghöchster lebender NS-Politiker gesessen hatte. Die Haft ist nicht spurlos an ihm vorübergegangen. Sein Gesicht ist spitz, und er blickt noch ein bißchen ernster drein, als es ohnehin von jeher seine Art war. Neben ihm sitzen die Direktoren, darunter der kranke Ewald Löser, der 1943 aus der Krupp-Leitung ausschied. Als enger Freund Carl Goerdelers wurde er 1944 festgenommen und überlebte die Gestapo-Haft nur knapp. Nun sitzt er wieder ein.

Von zwei der vier Anklagepunkte – Verschwörung gegen den Frieden und Mitschuld am Ausbruch eines Angriffskrieges – spricht das Gericht die Angeklagten noch während des laufenden

Prozesses am 5. April 1948 frei. Es ist zu offensichtlich, daß weder Alfried noch sein Direktorium Kenntnis von den Plänen Hitlers und seiner engsten Umgebung haben konnten. Selbst Rüstungs-minister Speer war von diesem Vorwurf freigesprochen worden. Daß Krupp-Chefankläger Telford Taylor es dennoch versuchte und von der »verruchten Lebenskraft« der Kruppschen Tradition sprach, die »genau in die moralische Atmosphäre des Dritten Rei-

Alfried Krupp von Bohlen und Halbach (links) auf der Anklage-bank im Nürnber-ger Justizpalast. Neben ihm die Mitglieder des Krupp-Direktoriums.

ches paßte«, zeigt noch einmal die verhängnisvolle Kraft der Legenden, die um das Haus gesponnen sind.

Beim dritten Anklagepunkt ist Taylor erfolgreicher. Krupp, so seine These, hätte in den von der Wehrmacht besetzten Ländern hemmungslos Industriebetriebe annektiert. Damit sei der Tat-bestand der »Plünderung« erfüllt, die in der Haager Landkriegsordnung von 1907 ausdrücklich untersagt ist. Der unstrittige Kern dieses Vorwurfs ist der, daß man Krupp-Betriebe in weniger bombengefährdete Gegenden auslagerte und dabei dort vorhandene Werke beschlagnahmte oder sich umgekehrt im Ausland bediente, um Ersatz für zerstörte Maschinen in Deutschland zu bekommen. Fremde Eigentumsrechte sind dabei nicht immer ausreichend beachtet worden, was im »totalen Krieg« kaum überraschen kann. Die Siegermächte selbst haben es bei anderen Eingriffsformen wie der Bombardierung privaten Eigentums nicht anders gehalten und nicht anders halten können, um Deutschland niederzuringen. Die streng juristische – nicht moralische – Bewertung erscheint daher schon im Ansatz problematisch.

Siegerjustiz?

Die entscheidende Frage ist, auf wessen Initiative hin das Unrecht geschah. Krupp kann im Prozeß darlegen, daß in allen Fällen die Anweisungen von staatlichen Stellen kamen, insbesondere vom Speer-Ministerium, und hier also auch die Verantwortung zu sehen ist. Man habe sich dem nicht durch Nichtstun entziehen können. Das Gericht aber schließt sich der Auffassung der Anklage an, die von einem gezielten »Plünderungsplan« ausgeht, motiviert aus kapitalistischer Habgier und Expansionsdrang. Ein dubioser Zeuge, der gesehen haben will, wie Alfried persönlich – über eine holländische Landkarte gebeugt – »wie ein Aasgeier« Einflußzonen absteckte, hat das Gericht in diesem Zusammenhang tief beeindruckt. Dazu will allerdings nicht recht passen, daß Krupp in Holland nicht eine einzige Firma an sich riß.

Ernster, berechtigter und daher historisch langlebiger ist die Frage der Zwangsarbeit, um die es im vierten Punkt der Anklage geht. Im März 1943 gab es rund 21.000 Ausländer, die allein in den Essener Werken der Firma arbeiteten – knapp 40 Prozent der Gesamtbelegschaft. Nichts Ungewöhnliches in der deutschen Industrie, die ja insgesamt wegen der Einberufungen ihrer Belegschaftsmitglieder zur Wehrmacht an Arbeitskräftemangel litt, andererseits großem Produktionsdruck ausgesetzt war. Die Regierung bestimmte und organisierte, daß im Ausland freiwillig

Angeworbene, Kriegsgefangene, zwangsweise Verschleppte und zuletzt auch KZ-Insassen die Lücken aufzufüllen hatten. Sicher nicht zur Freude der Industrie, die schon aus vielen praktischen Gründen lieber ihre erfahrene Stammbelegschaft behalten hätte. Nur auf den ersten Blick scheint dies paradox. Obwohl die Ausländer fast durchweg weniger oder gar keinen Lohn erhielten, so waren doch die nicht geringen Kosten für Verpflegung, Unterbringung und Bewachung aufzubringen. Verbürgt ist, daß Gustav Krupp 1940 ausländische Aushilfen ablehnte mit dem vielleicht vorgeschobenen Argument, sie plauderten doch nur Betriebsgeheimnisse aus. Damit drang er aber natürlich nicht durch. Das Gericht will im Fall Krupp allerdings nicht glauben, daß das Unternehmen nicht die Möglichkeit der Verweigerung hatte, ohne daß die Verantwortlichen bestraft worden wären. Schon Gustavs angebliche »Freundschaft mit Hitler« hätte derlei Ungehorsam dem Regime gegenüber möglich gemacht, heißt es.

Alfrieds Onkel Tilo von Wilmowsky, der ein anklagendes, insgesamt aber sachliches Buch über den Krupp-Prozeß geschrieben hat, beklagt in diesem Punkt wohl zu Recht die Ahnungslosigkeit der Richter, die die Macht Krupps überschätzten und sich in die Atmosphäre des Terrors in Deutschland nicht einfühlen konnten. Während in den Prozessen gegen Flick und die IG Farben eine Art Befehlsnotstand in der Zwangsarbeiterfrage anerkannt wurde, kann das Krupp-Tribunal sich dazu jedenfalls nicht entschließen.

Das Kapitel »Zwangsarbeit«

Wie ist es den Zwangsarbeitern nun bei Krupp ergangen? Oft genug erbärmlich schlecht, was Unterbringung, Ernährung und Behandlung in der Fabrik betraf, aber eben nicht schlechter als anderswo auch. Im Bergbau und in Staatsbetrieben waren die Zustände sogar noch weit schlimmer. Viel hing wie überall davon ab, ob sich Aufseher und Vorgesetzte schikanös, gleichgültig oder sogar wohlwollend und human verhielten. Alles dies kam vor, auch bei Krupp. Dreihundert Lager für ausländische Hilfskräfte hat es in Essen gegeben, zweiundzwanzig davon nur für Krupp-Arbeiter. Oft lebten hier mehr als tausend Menschen auf engstem

Raum zusammen. Bekannt geworden ist vor allem das Baracken-
lager an der Humboldtstraße, in das im Sommer 1944 fünfhun-
dertzwanzig jüdische Frauen aus Ungarn einzogen und das damit
eine Außenstelle des KZ Buchenwald wurde. Der Historiker Ulrich
Herbert, einer der führenden Forscher zum Thema Zwangsarbeit,
hat diesen Fall aufgearbeitet, der schon im Krupp-Prozeß eine
wichtige Rolle spielt. Krupp-Mitarbeiter hatten die jüdischen
Frauen demnach unter ingesamt zweitausend, die zur Zwangsarbeit bestimmt waren, ausgewählt. Sie nahmen die, die ihnen
noch am kräftigsten erschienen. Zunächst, so schreibt Herbert,
ging es den Frauen besser als in ihrem Stammlager – und das trotz
der Schwerstarbeit im Walzwerk II, der sie körperlich nicht gewachsen waren. Als ihre Baracken im Oktober 1944 im Bomben-
angriff verbrannten, begann das Elend. Zu Fuß mit Holzpantinen
und mit Decken notdürftig gegen die Kälte geschützt, mußten die
Frauen jeden Morgen zur Fabrik laufen, da die Straßenbahn aus-
gefallen war. Weil das Walzwerk nicht mehr betriebsbereit ist, werden jetzt schwere und zum Teil sinnlose Aufräumungsarbeiten be-
fohlen. Im Februar wurde das Lager aufgelöst, die Frauen nach
Thüringen zurückgeschafft. Dort scheinen viele überlebt zu
haben, weil der SS ganz einfach die Zeit fehlte, sie noch umzu-
bringen. 1959 meldeten sich jedenfalls dreihundertachtzig bei der
Jewish Claims Conference, um von Krupp zehn Millionen Mark
Entschädigung zu bekommen. Im Prozeß gehen die Richter allerdings davon aus, daß weitaus die meisten umkamen, was erheblichen Einfluß auf den Urteilsspruch haben sollte.

Ein Kapitel, das für Krupp in jedem Fall beschämend ist. Betriebe – und zumal die rüstungswichtigen – konnten zwar nicht
Zwangsarbeit insgesamt ablehnen, waren Herbert zufolge jedoch
nicht verpflichtet, selbst KZ-Häftlinge zu beschäftigen. Die Arbeit,
die diese Frauen noch zu tun imstande waren, könne zudem für
Krupp keinen echten Nutzen gehabt haben, sondern hätte nur
sinnlos Kräfte gebunden, etwa für die Beaufsichtigung. Tilo von
Wilmowsky hat es in seinem Buch mit einem Entlastungs-
argument versucht, das wohl nur ihm als ehemaligen KZ-Insassen
nicht sofort als Zynismus ausgelegt wird. Und doch ist etwas
Wahres daran. Bei Krupp, so schreibt er, war die Chance zu überleben immer noch weit größer als im Konzentrationslager.

Die Frage nach der Schuld

Wer hat bei Krupp Schuld auf sich geladen? Sicher diejenigen, die schlugen, schikanierten und straften, und der Kruppsche Werkschutz war dabei alles andere als zimperlich. Vor Gericht aber stehen andere Männer. »Von der obersten Spitze eines Konzerns mit 190.000 Arbeitern und Angestellten ist unmöglich zu verlangen, daß sie sich persönlich um Einzelheiten kümmert«, meint Alfrieds Anwalt Otto Kranzbühler in seinem Plädoyer. Das ist pauschal

Die fertigen Rohre für das Sewastopol-Geschütz »Dora« werden auf Befehl der Alliierten auseinandergeschweißt und unbrauchbar gemacht.

richtig und greift doch zu kurz. Es hätte in der Macht der Leitung gestanden, den Unglücklichen ihr Los erträglicher zu machen, und selten, zu selten ist dies auch geschehen. Doch insgesamt war für Alfried Krupp und seine Direktoren das Elend mental wohl zu weit weg, die allgemeine Barbarei zu weit fortgeschritten, als daß man sich innerlich von den Mißständen im eigenen Haus hätte berühren lassen. In dieser allerdings verbreiteten Gleichgültigkeit liegt ihre Verstrickung und Verantwortung. Individuelle Schuld kann hingegen keinem der Angeklagten zweifelsfrei nachgewiesen werden. Der amerikanische Journalist Norbert Mühlen formuliert später die entscheidende Frage: »Können Handlungen von Menschen unter totalitärer Herrschaft nach den Grundsätzen einer Gesellschaft beurteilt werden, die die Freiheit des Gewissens und der Handlung für jeden Bürger sichert?«

Die Richter meinen ja. Ihre Urteile, verkündet am 31. Juli 1948, sind hart, verglichen damit, wie billig andere davongekommen sind. Alfried Krupp soll zwölf Jahre ins Gefängnis, von den Direktoren wird nur einer freigesprochen, alle anderen erhalten Haftstrafen zwischen drei und zwölf Jahren. Eine verhängnisvolle Zusatzstrafe unterstreicht den politischen Charakter des Prozesses, der nach westlichen Rechtsmaßstäben auf schwachen Füßen steht: Alfried Krupps gesamtes Vermögen, so bestimmt es das Gericht, soll zugunsten des noch bestehenden Kontrollrats der vier Siegermächte eingezogen werden. Unter allen Prozessen im Zusammenhang mit der NS-Zeit bleibt dies einzigartig. Selbst diejenigen, die persönlich an abscheulichsten Verbrechen beteiligt waren, durften ihr Vermögen behalten. Zunächst spricht nichts dafür, daß dies nicht das letzte Wort sein würde.

Demontageliste und Liquidationsplan

Unterdessen befindet sich das, was von den Essener Werken übriggeblieben ist, in raschem Verfall. Die provisorische Geschäftsführung kann daran nicht viel ändern, obwohl sie gemeinsam mit der Belegschaft unter schwierigsten Bedingungen versucht zu retten, was zu retten ist. In dieser Lage wird selbst Schrott zum wertvollen Gut, das man gerne über die Zeit bringen würde. Von den Engländern als »Kriegsbeute« deklariert, geht das Material jedoch zum Teil außer Landes. Die Tatsache, daß zwei Jahre lang offiziell in der Schwebe bleibt, wie es eigentlich weitergehen soll, fördert die Willkür erheblich. Im Oktober 1947 bringt die »Demontageliste« erste Klarheit, im Dezember 1948 folgt der endgültige »Liquidationsplan«. Nun geht's erst richtig los mit dem Ausweiden des Geländes, gegen das alle Proteste wirkungslos bleiben. Von den fünfzehntausend Kruppianern sind nur zwei Drittel mit produktiver Arbeit beschäftigt, während fünftausend die demütigende und widersinnige Aufgabe haben, diesen Plan umzusetzen und damit ihre Arbeitsplätze zu vernichten. Oberst Fowles, so scheint es, wird recht behalten. Was soll nun aus der Stadt werden, in der so vieles von Krupp abhängt? Aus welcher Substanz soll das Neue wachsen? Eines der drängendsten Probleme sind die sechzehntausend Rentner, deren Zahl täglich wächst und deren Existenz von der Zahlung der Betriebsrente abhängt. Die bescheidenen Erlöse aus der Produktion reichen hinten und vorne nicht, um diesen Verpflichtungen nachzukommen. Es gibt noch flüssige Mittel – unter anderem dank des heimlichen und nicht ungefährlichen Verkaufs von Staatsanleihen in den letzten Jahren des Krieges. Der Griff in die Rücklagen ermöglicht wenigstens die Auszahlung eines Teils der Ruhegelder, obwohl dies die Firma notwendigerweise weiter schwächen muß.

Seit klar ist, daß Krupp ein Stigma anhaftet wie keiner zweiten Firma in Deutschland, ist die gemeinsame Geschichte für die neuen, zunächst noch ernannten Stadtväter eine Last, derer man sich so schnell wie möglich zu entledigen wünscht. Schon im März 1946 streicht das Vorgängergremium des Stadtrats außer Hitler und Göring kurzerhand auch Bertha und Gustav Krupp aus der Liste der Ehrenbürger. Der von allen Parteien, auch den konservativen, getragene Beschluß wird das offizielle Essen und seine prominenteste Familie für lange Zeit einander entfremden. Viele Kruppianer, seit jeher und immer noch stolz auf die Firma, sind entsetzt über das Votum, zumal gerade Bertha unter ihnen Verehrung, mindestens aber Respekt genießt.

Der Vorwurf, die Stadt habe sich abgewandt, als es schwierig wurde, in guten Zeiten die sozialen Wohltaten der Firma aber keineswegs verschmäht, stand lange im Raum. Die Frage ist natürlich: Hatte man eine andere Wahl, als sich eifrig mit auf den Anti-Krupp-Kurs zu begeben, wo doch das Unternehmen offensichtlich dazu verurteilt war, für immer unterzugehen? In einer verzweifelten Resolution an die Militärregierung beteuert der Rat, er sei »nicht daran interessiert, den Krupp-Konzern zu erhalten«. Doch die Zerstörung auch jener Arbeitsplätze, die friedlichen Zwecken dienten, werde zur »Entstehung eines Elendsgebietes« führen.

Wenig Licht am Ende des Tunnels

Umsonst. Der Haß, den Krupp auf sich zieht, hat vor allem in England schon etwas Pathologisches. 1950, als es überall in Deutschland auch dank der neuen Währung schon wieder aufwärtsgeht, unterliegt Krupp immer noch der Sonderbehandlung, erschüttern jeden Tag pünktlich um 12 Uhr Sprengungen die Stadt. Die Sorge, Essen könnte von der allgemeinen Entwicklung abgehängt und zum Armenhaus des Ruhrgebiets werden, ist zeitweise berechtigt. Daran ändert auch nichts die Tatsache, daß es mit Zustimmung Krupps als Grundeigentümer und mit Subventionen von Bund und Land gelingt, kleinere Firmen auf Teilen des riesigen Geländes anzusiedeln.

Als die Alliierten die Demontagen 1951 endlich einstellen, sind 40 Prozent der Gußstahlfabrik, wie sie vor dem Krieg bestand, vernichtet. Zusammen mit den mehr als 30 Prozent Totalverlusten im Krieg ist das eine gewaltige Substanzeinbuße. Man schätzt, daß Krupp durch Krieg und Demontage einen Zeitwertschaden von mehr als 600 Millionen Mark erlitt – bei einem Gesamtwert der Grundstücke, Anlagen, Maschinen und Wohnhäuser von mehr als einer Milliarde Mark. Abgeschrieben werden muß selbstverständlich auch das Gruson-Werk, da es in der sowjetisch besetzten Zone der Enteignung unterliegt. Zerstört und demontiert ist ebenfalls die Kieler Germaniawerft.

Nicht besser als der Firma geht es der Familie. Man kann den Krupps manches vorwerfen, nicht aber, daß die deutsche Tragödie um sie einen Bogen machen würde, während andere leiden. Villa Hügel ist von den Engländern für Büro- und Wohnzwecke beschlagnahmt. Hier residiert die internationale Kohlenkontrolle. Gustav dämmert, von Bertha gepflegt, im Nebengebäude seines Jagdschlosses dem Tod entgegen, der 1950 eintritt. Nach Claus und dem Mann von Tochter Irmgard ist wenige Tage vor Kriegsende auch Berthas jüngstes Kind, Eckbert, gefallen. Sohn Harald ist in russischer Kriegsgefangenschaft, nachdem er 1945 zunächst unerkannt vor der Freilassung stand, dann aber von einem Kameraden verraten wurde. Berthold von Bohlen, der viertälteste Sohn, ist der einzige, der handlungsfähig ist. Er betätigt sich als unermüdlicher Vermittler sowohl in Prozeß- als auch in Firmenange-

legenheiten, letzteres offenbar meist heimlich. Die Besatzungs-
offiziere, die in den Krupp-Verwaltungsgebäuden die oberste Kontrolle ausüben, legen ihm dringend nahe, sich besser nicht in
Essen blicken zu lassen.

Frei und teilweise rehabilitiert

Alfried Krupp erträgt die Tage in der Haftanstalt Landsberg nach
außen mit stoischer Gelassenheit. Er redet wenig, und wenn, dann
meist mit seinen Direktoren. Tagsüber ist er für die Gefängnis-
schlosserei eingeteilt, wo er schmiedeeiserne Kerzenleuchter herstellt. Zumal im Vergleich mit anderen, die längst wieder bei ihren
Geschäften sind, ist sich Alfried keiner Schuld bewußt, die eine
solche Strafe rechtfertigen könnte. Das muß verbittern, wie auch
die folgende vielzitierte Anekdote belegt. Als ihn ein wohlge-
sinnter Wärter fragt, wie er angeredet zu werden wünscht
– Herr Krupp, Herr von Bohlen oder mit dem langen kompletten
Namen –, erhält er zur Antwort: »Nennen Sie mich Krupp; wegen
dieses Namens bin ich hier.« Und ironisch soll er hinzugefügt
haben: »Diese Zelle ist mein Anteil am großen Krupp-Erbe.«
   Auf einen langen Brief an den amerikanischen Militärgouver-
neur Lucius D. Clay, in dem Alfried Krupp um Überprüfung des
Urteils bittet, hat er nie eine Antwort bekommen. Clay bestätigt
das Urteil in allen Punkten – mit einer gewichtigen Ausnahme:
Nicht dem alliierten Kontrollrat, der nur noch auf dem Papier existiert, soll das Kruppsche Vermögen zufallen, vielmehr soll jede
Siegermacht die in ihrer Besatzungszone liegenden Fabriken und
sonstigen Werte nach Gutdünken enteignen dürfen. Der Grund
für den Schachzug ist offensichtlich: Das ursprüngliche Urteil
hätte gestattet, daß die Sowjets im Ruhrgebiet ein Wörtchen mit-
reden könnten. Das aber ist weniger denn je erwünscht. Der Kalte
Krieg hat begonnen.
   Spätestens mit dem Ausbruch des Korea-Konflikts 1950 hat sich
die Weltlage drastisch zugespitzt. Die fragile Eintracht der Siegermächte ist offener Feindschaft gewichen, und die junge Bundesrepublik Deutschland gilt nun als wichtiges Bollwerk gegen den
kommunistischen Block. Ende 1950 hält der neue amerikanische

Nach dem
Auslaufen der
Demontage 1952:
Die Altendorfer
Straße mit der
Verwaltungs-
zentrale
und einigen
wiederauf-
gebauten Hallen.

Hochkommissar John J. McCloy die Zeit für gekommen, um die
Urteile zahlreicher Kriegsverbrecherprozesse neu zu bewerten, darunter auch den Fall Krupp. Ende Januar fällt die Entscheidung:
Gegen große Teile der öffentlichen Meinung, vor allem in England, werden Alfried Krupp und seine Direktoren begnadigt. Viele
Argumente, die die Verteidigung erst gut zwei Jahre zuvor vergeblich vorbrachte, kommen plötzlich zu neuen Ehren. Nun ist es
»außerordentlich schwierig, das Maß der persönlichen Schuld zu
bestimmen«, findet McCloy, auch sei bei den in der Sache ver-
gleichbaren Prozessen gegen Flick und die IG Farben weit milder
geurteilt worden. Fast noch wichtiger für Krupp ist die folgende
Feststellung: »Beschlagnahme des Gesamtvermögens gehört nicht
zu den Gepflogenheiten unseres Rechtssystems und widerstrebt
im allgemeinen dem amerikanischen Rechtsbegriff.« Ein Schlag
ins Gesicht der Richter, denen McCloy zwischen den Zeilen die
ideologische Stoßrichtung ihres Urteils bestätigt. Die Rückgabe
des Vermögens wird angeordnet, die Freilassung auf den 3. Februar
1951 festgelegt.

DER WIEDERAUFSTIEG
1953 – 1962

Ein zerschlagener Konzern
–
Es geht weiter
–
Die Ära Beitz beginnt
–
Krupp ist wieder wer
–
»Vater der Juden«
–
Der gute Ruf öffnet manche Tür
–
Das alte Stigma verblaßt
–
Versöhnung im Rathaus
–
Marketing, als davon noch keine Rede war

Nur ein schwaches Lächeln bringt Alfried Krupp zustande, als ihn sein Bruder Berthold vor dem Gefängnistor erwartet. Aus dem jungen Mann, der 1945 auf den Jeep klettern mußte, ist ein Dreiundvierzigjähriger geworden, der rein äußerlich leicht zehn Jahre älter sein könnte. Der Presserummel ist für damalige Verhältnisse außergewöhnlich. Allerdings verraten Kleinigkeiten in der anschließenden Berichterstattung, daß zumal amerikanische und englische Journalisten es mit der Wahrheit nicht allzu genau nehmen, sobald es um Krupp geht. Als die Bohlen-Brüder ein nahegelegenes Hotel aufsuchen und der Wirt sie dort mit einer gutgemeinten Flasche Sekt »auf Kosten des Hauses« überrascht, gerät die Veranstaltung flugs als »Champagner-Frühstück« in die Schlagzeilen. Der reiche Herr Krupp trägt den Kopf schon wieder verdammt hoch, soll das suggerieren. »Gute« Journalisten wissen eben, wie sie die Klischees der Leser bedienen.

Auf der Pressekonferenz kommt natürlich die Frage aller Fragen hoch, die Alfried Krupp in den nächsten Jahren noch unzählige Male gestellt wird:

Alfried Krupp nach seiner vorzeitigen Entlassung im Februar 1951. Sein Bruder Berthold (rechts) und sein amerikanischer Anwalt Earl J. Carrol holen ihn in Landsberg ab.

»Wollen Sie wieder Waffen bauen?« Die Antwort ist ausweichend, hat längst nicht die Deutlichkeit späterer Jahre: »Ich habe nicht den Wunsch und nicht die Absicht, aber ich glaube, dieses Problem wird von der deutschen Regierung gelöst werden und nicht von meinen persönlichen Neigungen. Ich hoffe, es wird für Krupp nie wieder notwendig sein, zum Waffengeschäft zurückzukehren.« Es ist die alte Linie, die Alfried hier zunächst konsequent beibehält. Beim Thema Waffen hat der Staat das erste und letzte Wort, Krupp ist und bleibt der Dienstleister.

Mit der glücklichen Amnestie sind der Krieg und seine Folgen für Krupp keineswegs erledigt. Denn da gibt es noch das alliierte Gesetz Nummer 27, das zwar alle Montankonzerne an Rhein und Ruhr trifft, Krupp aber besonders hart. Es sieht vor, in Deutschland die für schädlich befundene »Machtkonzentration« in der Hand weniger Unternehmen zu beseitigen. Natürlich spielt hier im Hintergrund die alte These von der politischen Macht der Großindustrie eine Rolle. Für Krupp bestimmt der sogenannte »Entflechtungsplan«, daß der Firma allein die Stahlverarbeitung gestattet sein soll. Unter Verkaufsauflage kommen hingegen die Bochumer und Essener Zechen, die Eisenerzgruben und vor allem das größte deutsche Hüttenwerk, die Friedrich-Alfred-Hütte in Rheinhausen. In Amerika selbst waren derlei Pläne am Widerstand der Industrie gescheitert. J. P. Morgan, dem amerikanischen Stahlmagnaten, ist ein ebenso witziges wie anschauliches Bild zu verdanken: »Aus Rührei kann man keine Eier machen.«

Wer wollte das bestreiten? Alle Stahlkonzerne der Welt sind vertikal gegliedert, nicht allein, weil es sie nach übermäßiger Macht dürstet, sondern weil dies zweckmäßig und wegen der Möglichkeit steuerlicher Verrechnung und Mehrwertsteuerersparnis auch wirtschaftlicher ist. Die eigene Rohstoffgrundlage, die eigene Stahlerzeugung gibt die Gewähr, daß schon das Rohmaterial genau die Qualität besitzt, die das Endprodukt erfordert. Krupp mit seinen hochspezialisierten Maschinen und Anlageteilen ist darauf besonders angewiesen, soll der lebenswichtige Qualitätsnimbus nicht mit der Zeit verlorengehen. Als später ausgerechnet auf einem Schiff des Jet-set-Reeders Onassis eine Kruppsche Turbine Schäden aufweist, wird man dies in Essen auf die unorganische Konzernstruktur zurückführen.

Ein zerschlagener Konzern

Aber das Klagen nützt nichts. In Deutschland gibt es niemanden, der den Kartelljägern politisch ernsthaft in den Arm fallen könnte oder wollte, und bei Krupp sind sogar besondere Sicherungen geplant. Alfried sieht sich nach langen Verhandlungen schließlich im März 1953 gezwungen, das »Mehlemer Abkommen« (Mehlem bei Bonn ist der Sitz des amerikanischen Hochkommissars) zu unterzeichnen. »Ein Unikum des internationalen Vertragsrechts«, schreibt später Alfrieds Nichte Diana Maria Friz. Die drei Mächte England, Frankreich und USA schließen einen völkerrechtlich verbindlichen Kontrakt mit einem Privatmann, wodurch diesem quasi der Status eines Staates zuerkannt wird. Kaum vorstellbar, daß das Bundesverfassungsgericht dies so stehengelassen hätte. Andererseits hat Krupp zwar manchmal damit gedroht, es jedoch nie riskiert, Mehlem juristisch anzufechten. Vielleicht eingedenk der alten Volksweisheit: Vor Gericht und auf hoher See ist man in Gottes Hand.

Anknüpfen an alte Qualitäten: Ansichtskarte vom interessant gestalteten Krupp-Stand auf der Industrie-Messe in Hannover 1951.

Krupp-Stand auf der Deutschen Industrie-Messe Hannover, Technische Messe 29. 4. - 8. 5. 51

Das Abkommen bestimmt außerdem, daß Alfrieds vier lebenden Geschwistern und Claus' Sohn Arnold spätestens 1963 jeweils elf Millionen Mark in Geld oder Aktienwerten auszuzahlen sind. Damit sollen ihre Ansprüche am Krupp-Erbe, die Gustav mit der »Lex Krupp« völlig übergangen hatte, abgegolten sein. Ansonsten aber bleibt das von Hitler unterzeichnete Sondergesetz in vollem Umfang in Kraft.

Der Krupp-Konzern ist zerschlagen. Alfrieds Unterschrift, das Sichabfinden mit dem Unvermeidlichen, hat aber zumindest verhindert, daß die abzutrennenden Teile im Extremfall enteignet und sofort verschleudert würden. Denn sie bleiben sein Eigentum und arbeiten auf seine Rechnung, obwohl dort offiziell drei Treuhänder das Sagen haben. Unmittelbare Verfügungsgewalt hat Alfried nun wieder über die Essener Stahlverarbeitung, diverse Handelsgesellschaften, den Stahl- und Maschinenbau Rheinhausen, die seit 1941/42 zum Konzern gehörende Bremer Werft AG Weser und einige kleinere Betriebe. Im März 1953 betritt er, von der Belegschaft herzlich begrüßt, nach acht Jahren wieder die Hauptverwaltung an der Altendorfer Straße. In den zwei Jahren seit seiner Entlassung hatte er sich erstmals in seinem Leben die Freiheit genommen, das zu tun, was ihm Spaß machte. Vor allem ist er auf Reisen gegangen, allerdings nicht ohne im Ausland für Krupp-Produkte das Feld zu sondieren. Und er hat – in aller Stille und fern von Essen – 1952 noch einmal geheiratet. Vera Hossenfeldt heißt die Braut, eine Deutsch-Amerikanerin, die man wegen ihrer drei geschiedenen Ehen und ihres turbulenten Lebenslaufs in der etwas verklemmten Diktion der Fünfziger gerne als »lebenslustig« bezeichnet. Um es vorwegzunehmen: Für die Rolle an der Seite eines Mannes, dem seine Industriebetriebe immer noch das wichtigste sind, sollte sie sich als ungeeignet erweisen. Auch diese zweite Ehe Alfrieds scheitert nach wenigen Jahren.

Acht Jahre nach seiner Verhaftung, am 12. März 1953, betritt Alfried Krupp erstmals wieder die Krupp-Hauptverwaltung. Seine zweite Frau Vera begleitet ihn. Rechts Finanzdirektor Johannes Schröder.

Es geht weiter

Wirtschaftlich geht es bei Krupp wieder bergauf, und das in großen Sprüngen. In Deutschland ist Wirtschaftswunderzeit, und schon 1951 kann die Firma Gewinne verbuchen. Abgesehen von Waffen, nimmt Krupp die ganze Vorkriegspalette der Stahlverarbeitung auf, ergänzt um vieles Zeitgemäße: Maschinen für alle erdenklichen Zwecke, Lastwagen und Busse, Lokomotiven und Waggons, Kräne und Bagger, Brücken und Schleusen, selbst Schrauben und Muttern – das »Warenhaus« aus den zwanziger Jahren scheint Auferstehung zu feiern. Eine kluge Entscheidung ist es, konsequent den Export wiederzubeleben. Überall da, wo kriegsbedingte Ressentiments nicht übermächtig sind, hat der Name Krupp nichts von seinem Nimbus eingebüßt. Ganze Walzwerke, Zementfabriken, chemische Werke gehen nach Südamerika, Asien und auch ins europäische Ausland. 1951 wird ein Umsatz von 1,385 Milliarden Mark erzielt, davon im Export 150 Millionen, und für 1954 lauten die Vergleichszahlen 2,14 Milliarden Mark und 334 Millionen – ein erstaunlicher Kraftakt, bedenkt man, aus welchem Tief sich Krupp herauswinden mußte. Ohne den Stamm erfahrener Facharbeiter wäre dies kaum gelungen. Es erweist sich nun, daß die Demontage auch ihre Vorteile hatte. Während Konkurrenten oft mit veralteten Anlagen und Maschinen arbeiten, steht bei Krupp notgedrungen das neueste und modernste Material. Die Mittel dazu geben die Banken. Krupp gilt als uneingeschränkt kreditwürdig.

Man könnte recht zufrieden sein, wenn es da nicht den Entflechtungsvertrag gäbe, der Fristen setzt. Bis 1958 sind Käufer zu finden, wobei eine Fristverlängerung möglich ist. Alfried kommt nicht umhin, einige kleinere Betriebe, für die es ernsthafte Interessenten gibt, zu verkaufen: 1954 die Norddeutsche Hütte in Bremen und das Bergwerk Emscher-Lippe in Datteln, 1956 die Aktienmehrheit der Bergbau AG Constantin der Große in Bochum. Die Krupp-Anteile an der Westfälischen Drahtindustrie Hamm und an der Capito und Klein AG in Düsseldorf waren bereits im Rahmen des Mehlemer Abkommens auf einige seiner Geschwister übertragen worden. An den Essener, Bochumer und Rheinhausener Hauptwerken jedoch will Alfried um jeden Preis festhalten. Wie dies anzustellen ist, ohne offen vertragsbrüchig zu werden, muß die Zeit zeigen. Allerdings ist offensichtlich, daß er sich der Verantwortung in dieser und in anderen Fragen alleine nicht mehr stellen möchte. Helfen soll ein Mann, den Alfried Krupp ganz zufällig im Sommer 1952 im Haus seines Bruders kennen- und schätzenlernte: Berthold Beitz.

Krupp-Lastwagen in Reih und Glied, 1953: Eine Groß-lieferung für die Türkei.

Der erst achtunddreißigjährige gebürtige Pommer hat bereits Karriere gemacht, als sich seine Wege mit Krupp erstmals kreuzen. Der Sohn eines kleinen Reichsbankbeamten lernte das Bankfach, um nach verschiedenen Stationen schon 1949 Generaldirektor der Iduna-Versicherung in Hamburg zu werden. Der Zufall will es, daß Beitz nach Essen kommt, um für die neue Zentrale seines Unternehmens eine Skulptur bei dem Bildhauer Jean Sprenger in Auftrag zu geben, der wiederum gut bekannt ist mit Berthold von Bohlen. Zu dritt geht man zum Abendessen. Ob er nicht Lust hätte, auch seinen Bruder Alfried kennenzulernen, fragt Bohlen. Beitz hat Lust, klar. »Schließlich war ich jung, und der Name Krupp hatte einen magischen Klang für mich.«

Auf den ersten Blick könnten die beiden Männer, die sich einige Tage später ganz zwanglos zum ersten Mal begegnen, unterschiedlicher kaum sein. Hier der ernste, menschenscheue, mißtrauische und immer korrekte Gentleman, dort der kontaktfreudige, lebensfrohe, hemdsärmelige und smarte Sonnyboy. Doch es sind wohl gerade die Gegensätze, die hier anziehend

wirken. Und charismatisch sind sie auf ihre Art beide. Zu Beitz'
Überraschung schlägt Alfried einige Wochen später, am 25. September, ein erneutes Treffen vor, diesmal in Hamburg. Beim Spa-
ziergang die Alster entlang unterbreitet Alfried das berühmte
Angebot: Ob Beitz Interesse hätte, Generalbevollmächtigter bei
Krupp zu werden und mit ihm den Konzern wiederaufzubauen,
ausgestattet mit allen Befugnissen, unterstellt und rechenschafts-
pflichtig nur ihm, dem Alleininhaber. Beitz sagt zu.

Die Ära Beitz beginnt

Zugegeben, da kommt jemand, der den Bochumer Verein zunächst für einen Fußballclub hält, der wenig Ahnung hat vom
Stahlgeschäft, von den Gepflogenheiten an der Ruhr, von den Ri-
tualen, die die Direktoren der ehrwürdigen Montankonzerne pflegen. Seine Sätze schmückt er gerne mit modischen amerikanischen Redewendungen wie »okay«. Kein Zweifel: Zwischen dem
jungen Beitz und diesem Milieu liegen Welten. Der »Revier-
fremde« wird man ihn abschätzig nennen, und das »richtige«
Alter fehlt ihm auch, als er im November 1953 in Essen antritt.
»Mit 40 Jahren ist er für den Geschmack der Revierherzöge noch
naß hinter den Ohren«, beschreibt der Wirtschaftspublizist Heiner

Freundschaft
in formaler
Korrektheit:
Alfried Krupp
von Bohlen und
Halbach und sein
Generalbevoll-
mächtigter
Berthold Beitz
bei einer
Besprechung
1957.

Radzio im Rückblick die eisige Empfangsatmosphäre. Auch im eigenen Haus gibt es einen regelrechten Kulturschock. Völlig zu Recht fürchten die meisten Direktoren, daß Beitz ihnen die Kompetenzen beschneiden und den direkten Zugang zum Alleininhaber verstellen wird. Stolz darauf, bisher nicht einmal einem »Generaldirektor« gehorchen zu müssen, bekommen sie es nun plötzlich mit einem Mann zu tun, der noch ein wenig höher in der Hierarchie steht und ihnen ausdrücklich vorgesetzt ist – und der sie das auch spüren läßt.

Es ist dies genau der heilsame Schock, den Alfried für nötig hält. Er weiß, daß die Firma nicht in Ehrfurcht vor sich selbst erstarren darf, und gibt Beitz volle Rückendeckung. Die braucht er auch, denn es gibt gegen erhebliche Widerstände einiges Unangenehme zu tun bei Krupp. Daß er als erste Amtshandlung den Paternoster schneller fahren läßt, weist die Richtung. Die Firma ist trotz aller Erfolge schwerfällig geworden, die Direktoren herrschen wie kleine Monarchen über das ihnen zugewiesene Handlungsfeld, es gibt bürokratische Verkrustungen, und das Zusammenspiel der einzelnen Betriebe hatte während der Gefängnisjahre des Inhabers doch arg gelitten. Wer glaubt, in dieser Art weiteragieren zu können, muß sich warm anziehen. Auch Würdenträger aus der Chefetage können nicht mit allzuviel Rücksicht rechnen. Ob es wahr sei, daß er dem Direktor Hans Herrmann nur fünf Minuten Zeit ließ, um die Hauptverwaltung für immer zu verlassen, wird er später mal gefragt. »Da sehen Sie, wie die Leute übertreiben«, antwortete Beitz, »ich ließ ihm eine volle Viertelstunde.«

Was Alfried Krupp bestenfalls andeutet (Beitz: »Das ist sein anerzogener Respekt vor Maßnahmen der Obrigkeit«), das spricht der Generalbevollmächtigte offen aus: »Die Verkaufsauflagen müssen fallen, denn die Krupp-Betriebe gehören genauso zusammen wie ein Bauernhof, auf dem es gute und schlechte Felder gibt.« Der Wechsel einiger kleinerer Unternehmen ließ sich nicht verhindern. Ab jetzt aber gilt Beitz' Motto: »Wir verkaufen keinen Ziegelstein mehr.« Die anderen deutschen Montankonzerne, die ebenfalls der Entflechtung unterlagen, sind längst dabei, sich wieder vertikal zu strukturieren. Sie haben es leichter, denn im Gegensatz zu Krupp fesselt sie kein völkerrechtlich bindender Vertrag.

Krupp ist wieder wer

Nachdem die Bundesrepublik die volle Souveränität erlangt, ist es eigentlich Aufgabe der Bundesregierung, auf die Erfüllung der Verkaufsauflagen zu dringen. Doch im zuständigen Wirtschaftsministerium nimmt man es stillschweigend und heimlich zustimmend hin, daß sich Beitz im Gegenteil bemüht, die Bande zwischen den getrennten Krupp-Betrieben Zug um Zug wieder enger zu knüpfen. Beispielsweise, indem er demonstrativ bei Hauptversammlungen der Hüttenwerke Rheinhausen AG auftaucht. Zwischen der Hütte und dem direkt benachbarten Stahlbau Rheinhausen, den Krupp behalten durfte, verläuft ein hoher Zaun, um jeden Kontakt der einst miteinander kooperierenden Betriebe zu verhindern – nichts verdeutlicht wohl mehr den Widersinn der

CARS **KRUPP**

Modèles urbains et interurbains

Krupp-Reisebusse für den französischen Markt. Werbeprospekt aus den Fünfzigern.

Entflechtungsbestimmungen. Die Dinge bleiben schon aus diplomatischer Rücksicht gegenüber den ehemaligen alliierten Mächten noch lange in der Schwebe, aber insgeheim weiß wohl jeder, daß es einen Aufschrei der Öffentlichkeit und eine lange juristische Auseinandersetzung zur Folge hätte, würde Krupp tatsächlich gegen seinen Willen zum Verkauf gezwungen.

Beitz selbst umtreibt gelegentlich der Gedanke, ob es denn ökonomisch eigentlich klug ist, so sehr am Montanbesitz zu hängen.
Daß die Zukunft eher auf anderen Feldern liegt – Automobile,
Chemie, Elektronik –, ist spätestens gegen Ende der fünfziger Jahre
nicht mehr zu übersehen. Da allerdings kann und will Alfried
nicht folgen. Er bleibt der Stahlmann, dem der Sinn eher nach
Zukäufen in der Stahlsparte steht. Dabei hilft ein alter Freund:
Axel Wenner-Gren. Der schwedische Multimillionär und Speku-
lant hatte bereits in den dreißiger Jahren Geschäfte mit Krupp
gemacht, als er Gustav ein Aktienpaket der Rüstungsfirma Bofors
abkaufte. Wenner-Gren besitzt die Mehrheit am Bochumer Verein,
die er im Zuge der Entflechtung der Vereinigten Stahlwerke er-
warb, und er ist bereit, diese Mehrheit 1959 an Alfried abzutreten.
Eine Aktion, die im Revier für einiges Aufsehen sorgt, gehört doch
das Bochumer Hüttenwerk mit seinen Verarbeitungsbetrieben
seit mehr als hundert Jahren zu den schärfsten Konkurrenten der
Essener Firma, gegenseitige Animosität inklusive. Mit einem
Schlag hat Krupp nun einen Teil seiner Probleme gelöst, denn der
Bochumer Verein hat sich nach den Kriegszerstörungen auf die
Produktion von Edelstahl spezialisiert – genau das, was Krupp seit
der Demontage des Borbecker Hüttenwerks so schmerzlich fehlt.
Ein Schönheitsfehler ist allerdings, daß das Aktienpaket der Hol-
ding Rheinhausen zugeschlagen wird, da Krupp im Inland selbst-
redend kein Montanunternehmen kaufen darf. Theoretisch steht
somit auch die frische Neuerwerbung unter Verkaufsauflage.
Nichts verdeutlicht wohl mehr, wie ernst Alfried und Beitz den
Vertrag noch nehmen. Die Buchstaben will man beachten, den
Geist nicht. Besonders in England setzt das trickreiche Vorgehen
allerdings Anti-Krupp-Reflexe frei. Wen wundert's: Ohne daß man
dies groß verheimlicht, ist Krupp de facto wieder ein Konzern, ist,
gemessen am Umsatz, für einige Jahre sogar wieder das größte
deutsche Unternehmen.

Und kaum zu glauben: Keine zehn Jahre nach Ende des Krieges
fassen es gekrönte Häupter und Staatspräsidenten wieder als Ehre
auf, in der Villa Hügel empfangen zu werden, wo Alfried und seine
Mutter Bertha es verstehen, jene schwer beschreibbare Aura einer
alten Industriellenfamilie zu entfalten. Mit der Rückgabe des Vermögens und der Räumung durch die Kohlenkontrollkommission

Krupp öffnete
nach dem Krieg
die Villa Hügel für
Ausstellungen,
Konzerte und, wie
hier in den
fünfziger Jahren,
für eine
Modenschau.

fiel auch das Haus wieder an die Firma zurück, und es dient nun
wie eh und je repräsentativen Zwecken. Wohnen allerdings wie
vor 1945 möchte dort weder der Alleininhaber noch seine Mutter,
ja, die Familie hatte sogar erwogen, den Hügel für einen symbolischen Preis an die Stadt Essen abzutreten. Alfrieds kunstsinnigem
Bruder Berthold von Bohlen sowie Tilo von Wilmowsky ist die
Idee zu verdanken, Villa Hügel für Kunst und Kultur zu öffnen und
somit für jedermann zugänglich zu machen. »Kunstwerke aus
Kirchen-, Museums- und Privatbesitz« heißt 1953 die erste, in
Zusammenarbeit mit dem Essener Folkwang-Museum organisierte
Ausstellung. Nichts, was die Massen anziehen würde, sollte man
meinen, und doch kommen an 175 Tagen rund 400.000 Menschen. Wie viele wegen der Exponate und wie viele, um erstmals
das geheimnisumwitterte Haus der Krupps zu besichtigen, darüber
läßt sich trefflich spekulieren.

»Vater der Juden«

Bei den Auslandsreisen ergibt sich zwischen dem Inhaber und seinem Generalbevollmächtigten eine Arbeitsteilung. Alfried Krupp ist in vielen Entwicklungsländern, besonders in Asien, Nordafrika und Südamerika, ein gerngesehener Gast, weil hier sein »Kriegsverbrecher-Stigma« kaum ins Gewicht fällt. Berthold Beitz' Aufgabe ist es hingegen, bei den früheren Kriegsgegnern, insbesondere in Polen und der Sowjetunion, gut Wetter zu machen und Geschäfte anzubahnen.

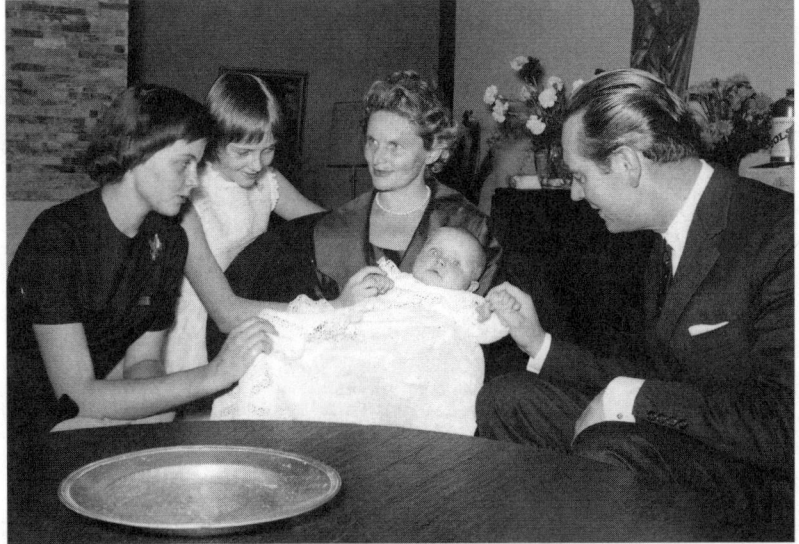

»Kinder statt Kanonen« untertitelte der »Spiegel« dieses Foto: Berthold Beitz mit Gattin Else und seinen drei Töchtern.

Wer wäre dafür besser geeignet als eben Beitz, der die NS-Zeit nicht nur mit blütenweißer Weste überstand, sondern gemeinsam mit seiner Frau Else auch ungewöhnliche Zivilcourage bewies?! Als junger kaufmännischer Leiter bei Shell in der galizischen Erdölstadt Boryslaw hatte er ab 1941 Hunderten polnischer Juden und Widerstandskämpfern das Leben gerettet, indem er sie aus den Zügen holte, die in die Vernichtungslager fuhren. Manchen bewahrte er buchstäblich in letzter Minute vor dem Erschießungskommando. Der SS erzählte Beitz, die Menschen seien mit »kriegswichtigen Arbeiten« beschäftigt, was in vielen Fällen leicht als Vorwand zu erkennen war. Bei alledem half ihm sein selbstbewußtes Auftreten und die wichtige Stellung, die er einnahm. Beitz'

Ruf als »Vater der Juden«, als Deutscher, der sich menschlich verhielt, konnte natürlich nicht geheimbleiben. Auch im Umfeld seines Büros gab es überzeugte Nazis, die ihn denunzierten. Einmal zog er seinen Kopf wohl nur deswegen aus der Schlinge, weil der Leiter des zuständigen Breslauer SD-Abschnitts ein Schulfreund von ihm war und die entsprechende Meldung vernichtete.

Die Parallelen zu Oskar Schindler, dessen ganz ähnliches Handeln in dem Film »Schindlers Liste« verarbeitet wurde, sind nicht zu übersehen – mit der Einschränkung, daß Schindlers Spielräume

als Chef einer eigenen Firma noch größer waren. Beitz hingegen hatte es nicht nur mit dem gerade in Galizien besonders brutalen NS-Vernichtungsapparat zu tun, er mußte auch die Direktiven der Obergesellschaft Karpathen-Öl beachten.

Berthold Beitz hat es immer abgelehnt, seinen Mut als »Widerstand« zu benennen. »Das hatte alles zu tun mit einer rein menschlichen Einstellung. Wenn Sie sehen, wie eine Frau mit einem Kind auf dem Arm erschossen wird, und Sie haben selber ein Kind, dann haben Sie eine ganz andere Reaktion.« Wie man weiß, hat die

eigene Vaterschaft leider längst nicht jeden davon abgehalten, entsetzliche Morde nicht nur hinzunehmen, sondern sogar zu begehen – Morde, deren Augenzeuge Beitz mehr als einmal war. Die Erlebnisse in den drei Jahren bis zu seiner Einberufung zur Wehrmacht 1944 können denn auch nicht spurlos an ihm vorübergegangen sein. Der Historiker Thomas Sandkühler, der seine Rettungsinitiativen dokumentiert hat, beschreibt es so: »Es scheint, daß am Boryslawer Schlachthof auch Beitz' nationalkonservative Einstellung in die Brüche ging und sein pessimistisches Menschenbild hier geprägt oder doch angelegt wurde.«

Der gute Ruf öffnet manche Tür

Beitz ist mit seinem menschlichen Verhalten nie hausieren gegangen. Aber diejenigen, die er rettete, haben es nicht vergessen. Klar, daß sein guter Ruf in den fünfziger Jahren hilft, in Polen, der Sowjetunion und überhaupt im Ostblock für Krupp manche Tür zu öffnen. Schon 1957 schließt Krupp mit Moskau ein erstes Großgeschäft über ein Kunststoffaserwerk ab. Ein Jahr später, als dies wahrlich politisch nicht opportun ist, unternimmt Beitz erste Geschäftsreisen in den Osten, um 1959 sogar vom sowjetischen Staatschef Nikita Chruschtschow empfangen zu werden. Der Führer der kommunistischen Welt und der zweite Mann der vormaligen, immer noch verfemten Waffenschmiede – ein Bild, das begreiflicherweise für Aufsehen sorgt.

Die Firma will mal wieder, wie so oft in ihrer Geschichte, »unpolitisch« sein. Bei Bundeskanzler Konrad Adenauer und den Westmächten, fest verbunkert in den Schützengräben des Kalten Krieges, reichen die Reaktionen von Verwunderung bis Empörung. »Warum tragen Sie keine rote Nelke im Knopfloch?« ging der alte Kanzler gewohnt bissig Beitz mal in aller Öffentlichkeit an. Krupp, so der Vorwurf, könne nicht blauäugig das Geschäft vorschieben, nebenher aber die Politik des Westens konterkarieren. Richtig ist natürlich, daß die Kommunisten mehr als nur geschäftliche Interessen haben, daß sie auch auf den Propagandaerfolg schielen, indem sie Krupp quasi rehabilitieren. Auf höheren Befehl verschwinden bei der Leipziger Messe Plakate, die Krupps angebliche Verbrechen im Dritten Reich anprangern. Die Firma, so heißt es lobend, sei nun im »Friedenslager«. Norbert Mühlen, ein in der Wolle gewirkter Kalter Krieger, formuliert es 1960 so: »Auf dem schon ausgetretenen Pfad zur Firma Krupp folgte Chruschtschow nun dem deutschen Kaiser Wilhelm II., Hitler und vielen anderen.«

Das ist schon ein bißchen polemisch, wenngleich wegen der politischen Großwetterlage verständlich. Die Zeit ist einfach noch nicht reif für das, was einmal Entspannungspolitik heißt. Krupp – genauer: Beitz – hat aber durchaus dazu beigetragen, den späteren Initiativen Willy Brandts den Weg zu ebnen – und sei es nur atmosphärisch, indem man den Russen das geradezu Dämonische

Bertha Krupp und ihr Sohn Harald, 1955, kurz nach seiner Entlassung aus zehnjähriger sowjetischer Kriegsgefangenschaft.

nimmt: »Diese Leute«, berichtet der Generalbevollmächtigte über seine sowjetischen Gesprächspartner, »haben auch saubere Fingernägel.« Nichts wäre allerdings falscher, als den Anteil des Ostgeschäfts zu überschätzen. Schon wegen der notorischen Devisenknappheit jenseits des Eisernen Vorhangs beträgt er in jenen Jahren nicht mehr als einige Prozent am Gesamtumsatz.

Das alte Stigma verblaßt

Fest steht: Krupp ist wieder wer in der Welt, viele Türen öffnen sich, das alte Stigma ist nicht vergessen, aber es verblaßt. Auszunehmen ist hier eigentlich nur England. In den USA hingegen macht Eindruck, daß sich Krupp zu einem Zeitpunkt zu einer Teilschuld in der Zwangsarbeiterfrage bekennt, als andere noch fleißig mit Leugnen beschäftigt sind. Sicher spielt hier eine Rolle, daß das Wissen um die entsetzlichen Vorgänge eigentlich nur bei Krupp und den IG Farben wegen der Kriegsverbrecherprozesse schon weit fortgeschritten ist, ansonsten aber noch in den Kinderschuhen steckt. Die zehn Millionen Mark, die die Firma 1959 für die Entschädigung jüdischer Zwangsarbeiter zahlt, sind jedenfalls für damalige Verhältnisse keine kleine Summe, wenn auch das Dilemma bleibt, daß Geld bei derart monströsem Unrecht nicht wirklich etwas »wiedergutmachen« kann.

Auch andere Türen könnten sich wieder öffnen, doch die lassen Krupp und Beitz lieber zu. Schon 1955 weiß der »Spiegel« folgendes zu berichten: »Es gibt eindeutige Hinweise darauf, daß zumindest das amerikanische Kriegsministerium eine Einschaltung Krupps in die westliche Aufrüstung begrüßen würde. Denn besonders die skandinavischen Nordatlantik-Pakt-Staaten würden eine Belieferung mit Kruppschen Qualitätskanonen anstelle amerikanischer oder französischer Geschützlieferungen vorziehen.« Gerade Alfried muß dies, nach allem, was passierte, seltsam berührt haben. Die Zeiten sind offenbar schnellebig. »Wir verdienen unser Geld auch so« – mit diesen kühlen Worten zitiert ihn der »Spiegel«. Und Berthold Beitz hat die ewige Frage nach Waffenbau bei Krupp einmal mit der süffisanten Antwort bedacht, »die nächsten Kriegsverbrecher« würden »aus der chemischen und elektronischen Industrie stammen«. Sprich: Kanonen, die man rein technisch natürlich wieder schmieden könnte, sind ohnehin von gestern. Diese Grundhaltung in der Rüstungsfrage schmeckt den Hardlinern im Westen nicht mehr so ganz; sie wollen einen ganz leisen Geruch politischer Unzuverlässigkeit wittern. Norbert Mühlen jedenfalls kann sich den Spott nicht verkneifen, »selbst in der wohlsortierten Spielzeugabteilung ihres Essener Kaufhauses würde kein Kunde auch nur einen einzigen Zinnsoldaten oder Spielzeugtank gefunden haben«. Man kann alles übertreiben, soll das wohl heißen. Nicht auszudenken, hätte hingegen einige Jahre später ein William Manchester derlei im »Konsum« entdeckt.

Das absolute Nein zur Rüstung gilt allerdings nur für die Krupp-Stammbetriebe – und auch da nur für eigene Endfertigungen. Spätestens seit dem Zweiten Weltkrieg ist klar, daß die hochtechnisierten Armeen eine trennscharfe Unterscheidung zwischen Kriegs- und Friedensmaterial immer schwerer, wenn nicht unmöglich machen. Was mit dem sogenannten Halbzeug geschieht, das die Stahl- und Walzwerke verläßt – wer will, wer kann es so genau wissen? Später produziert Krupp – von der breiten Öffentlichkeit fast unbemerkt – bei den Töchterunternehmen Atlas Elektronik in Bremen und MaK Maschinenbau in Kiel auch wieder Waffenkomponenten, vor allem für die Bundesmarine.

Versöhnung im Rathaus

»Krupp ist nicht Essen, Krupp ist in Essen« – der Ausspruch des ersten SPD-Oberbürgermeisters Wilhelm Nieswandt faßte die tiefe Entfremdung zwischen der örtlichen Politik und dem Konzern in griffige Worte. Die Aberkennung des Ehrenbürgerrechts für Bertha und Gustav Krupp 1946 ließ an Deutlichkeit, aber auch

Ende der Spannungen zwischen Stadt und Firma: Alfried Krupp erhält aus der Hand des Essener Oberbürgermeisters Wilhelm Nieswandt den Ehrenring der Stadt.

Undifferenziertheit nichts zu wünschen übrig. Ein Affront, den die Familie, soweit bekannt, nie kommentierte. Man lebt nebeneinander her. Andererseits ist die Verbundenheit vieler Essener mit der Firma und das Interesse an der Familie, gerade auch an ihren privaten Angelegenheiten, noch immer sehr groß. Die Rückkehr Haralds aus der Kriegsgefangenschaft 1955, die Hochzeiten der Bohlen-Brüder und besonders Berthas plötzlicher Tod 1957 sind Ereignisse, die auch jene bewegen, die mit Krupp ansonsten wenig zu tun haben. Für die im Vergleich zu heute noch ziemlich harmlose Klatschpresse sind die Krupps und ihr Schicksal jedenfalls das Thema im Ruhrgebiet.

Als Krupp wieder erholt dasteht, wieder weit über hunderttausend Menschen Arbeit gibt und der Zeitgeist sich dreht, hat die Stadtspitze das dringende Bedürfnis, endgültig Frieden zu schließen. Die Gelegenheit bietet sich 1961, als die Firma ihr hundertfünfzigjähriges Jubiläum feiern kann. Alfried Krupp erhält aus der Hand des ehemaligen Kruppianers Nieswandt den neugestifteten Ehrenring, die höchste Auszeichnung, die Essen zu vergeben hat und die seither nur ganz selten verliehen wurde, darunter viel später auch Berthold Beitz. Damit ist der alte Hader zu den Akten gelegt, der um so unzeitgemäßer wirkt, da Krupp das soziale Engagement in vollem Umfang wiederaufgenommen hatte, vor allem beim Wohnungsbau. Im neuen, aufgelockerten Stil entstehen in Essen, aber auch in Duisburg-Rheinhausen Siedlungen, die mithelfen, die kriegsbedingte Enge zu beheben. Dabei erweist es sich als Vorteil, daß die Firma immer eine weitsichtige Grundstückspolitik betrieben hat und deshalb jetzt gewissermaßen aus dem vollen schöpfen kann. Noch heute erstaunt, wieviel Raum für Grünflächen und den Verkehrsfluß bewußt zwischen den Häusern

Mit großem
Aufwand begeht
Krupp 1961
das hundert-
fünfzigjährige
Firmenjubiläum.

gelassen wurde. Genau so hatten es sich die Reformarchitekten der
fünfziger Jahre, die allerdings inzwischen längst wieder in Verruf
geraten sind, vorgestellt.

Marketing, als davon noch keine Rede war

Die Hundertfünfzigjahrfeier ist ein guter Anlaß, um in Anwesenheit von Wirtschaftskapitänen, Politikern und Diplomaten die
für Krupp besonders lange Nachkriegszeit symbolisch zu beenden.
Alfried läßt eine Großveranstaltung organisieren, der allerdings
die Vertreter aus Großbritannien, Frankreich und den USA
demonstrativ fernbleiben – stiller Protest gegen die faktische
Nichterfüllung der Verkaufsauflagen. In einer riesigen Tragluft-
halle neben dem frisch wiederaufgebauten Stammhaus versam-
meln sich zweitausend Gäste, wobei das Ereignis unter keinem
guten Stern gestanden zu haben scheint. Alfrieds Nichte Diana
Maria Friz beschreibt die Feier als geschmacklos, worüber sich
streiten ließe, und als pannenreich. Immerhin aber hält Theodor
Heuss, seit jeher auch in eigenen Publikationen am Haus Krupp
interessiert, eine vielbeachtete Rede. Der Altbundespräsident
unterstreicht, daß Krupp das Stigma als Kriegsverbrecher nicht

verdiene. Er spricht vom »schwer erträglichen Pharisäertum«, das darin bestehe, die ehemalige Essener Waffenschmiede zu verdammen, ausländische Rüstungsfirmen jedoch hoch zu schätzen. So weit, so richtig. Was Heuss noch hätte sagen sollen: Es macht gewiß dennoch einen Unterschied, wer die Waffen benutzt, die man baut, und vor allem zu welchem Zweck.

Krupp hat sich immer auf die Werbewirksamkeit prestige- und symbolträchtiger Produkte verstanden, seien es die Olympiafackeln aus Nirosta, die Turmspitze des Chrysler-Buildings in New York oder die Tauchkugel für den Tiefseeforscher Jacques Piccard – Dinge, die oft gar nicht viel Aufwand erforderten, aber mithalfen, den Kruppschen Qualitätsnimbus effektvoll lebendig zu halten. Mit der Einweihung des Hüttenwerks im indischen Rourkela, an dem Krupp maßgeblich beteiligt ist, setzt man wieder Maßstäbe beim Marketing, obwohl das noch nicht so heißt. Rourkela ist das Symbolprojekt einer Zeit, die es im Verein mit den örtlichen Potentaten uneingeschränkt fortschrittlich findet, Entwicklungsländern europäische Industriestrukturen aufzupfrop-

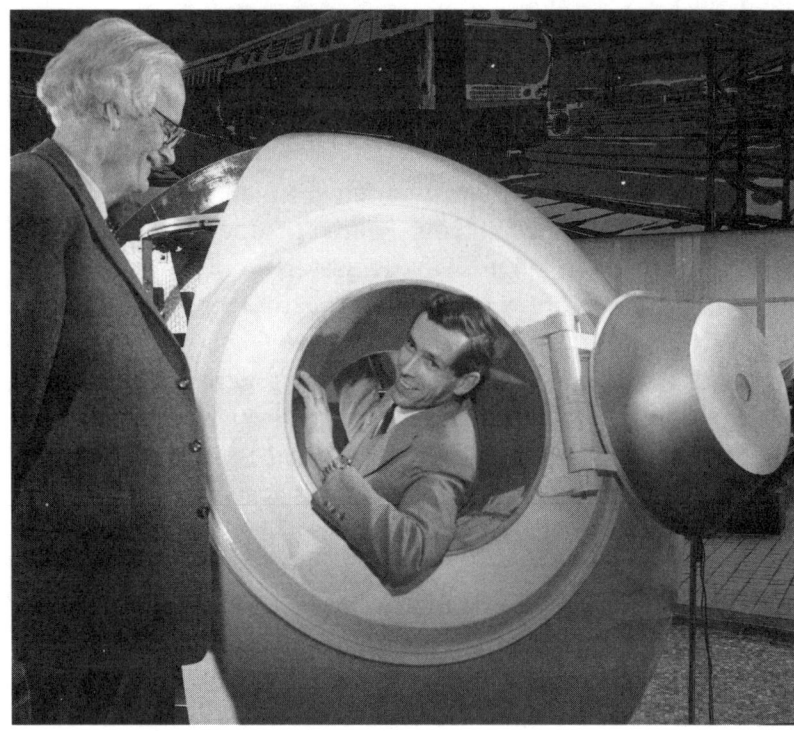

Mit der Bau
der Tauchkugel
für den
Tiefseeforscher
Jacques Piccard
1959 bewies
Krupp wie so oft
ein Gespür für
imagefördernde
Einzelstücke.

fen. Gleich neben dem Werk entsteht eine Stadt für hunderttausend Menschen, in welche die Erfahrungen beim Essener Woh-
nungs- und Städtebau der Nachkriegszeit einfließen, wobei auf die
ganz anderen Traditionen Indiens – wie gewünscht – nur wenig
Rücksicht genommen wird. Dem guten Ruf, den Krupp in der
Dritten Welt ohnehin schon genießt, ist das Projekt jedenfalls
nur förderlich.

DER LANGE ABSCHIED VOM MYTHOS
1962 – 1998

Problem Produktpalette

–

Ein heilsamer Schock

–

Arndt verzichtet

–

Ein Kontrakt für die Ewigkeit?

–

Mit Alfried stirbt ein Mythos

–

Es weht ein schärferer Wind

–

Die Umsätze stimmen, die Gewinne nicht

–

Trotz Hilfe aus dem »Morgenland«: Probleme bleiben

–

Rheinhausen: Symbol eines unaufhaltsamen Prozesses

–

Disharmonien

–

Ein »Plattmacher« mit Weitblick

–

Nach der Umstrukturierung: Krupp hat ein anderes Gesicht

–

Ein »normales« Unternehmen

Zu der Weltläufigkeit, die Alfried Krupp und Beitz – jeder auf seine Weise – demonstrieren, scheint so gar nicht die Betulichkeit zu passen, die in Essen gepflegt wird. Noch immer nennen sich die Angestellten Beamte, noch immer folgen die alljährlichen Jubilarehrungen einem geradezu höfischen Protokoll. Weil der eigentlich nicht bilanzpflichtige Alleininhaber hier – und zwar nur hier – einige dürre Auskünfte zum Geschäftsverlauf abgibt, sind auch stets Journalisten anwesend, manchmal hin- und hergerissen zwischen Spottlust und der Einsicht, daß der Mythos Krupp nicht zuletzt dank solcher Rituale funktioniert. »Das stolze Gefühl der Zugehörigkeit zum Hause Krupp wird stets wie eine Tradition von der älteren Generation zur jüngeren weitergegeben«, läßt sich der Jubilarsprecher etwa 1965 vernehmen. »Wo hört man in unserer Zeit aus Arbeitermund noch einen solchen Satz?« fragt Heiner Radzio etwas spöttisch im »Handelsblatt«.

Die Auslandsvertreter auf der Gartenterrasse der Villa Hügel, 1961. Vorn von rechts: Berthold Beitz, Alfried Krupp von Bohlen und Halbach und sein Sohn Arndt.

In der Tat, die Zeiten haben sich geändert, und gerade auch bei Krupp wachsen die Bäume schon seit Anfang der sechziger Jahre nicht mehr in den Himmel. Der Export macht immer noch Freude, Verkehrstechnik und Maschinenbau ebenfalls, und unterm Strich können die Umsätze weiterhin leicht gesteigert werden. Aber Umsätze sind nicht alles; der Kapitaleinsatz muß sich auch in ausreichenden Gewinnen niederschlagen. Und da stehen die Dinge bei Krupp nicht zum besten. Schwierig ist die Lage beim Stahl, wo es regelrecht zu kriseln beginnt. Die Firma, die sich erst wenige Jahre zuvor in dieser Sparte vergrößerte, sieht sich schon 1965 gezwungen, die Bochumer Hochöfen zu schließen und die Roheisenerzeugung in Rheinhausen zu konzentrieren. In eigens konstruierten Spezialwaggons, den Torpedopfannenwagen, fährt man das Eisen quer durchs Ruhrgebiet, um die Stahl- und Walzwerke in Bochum zu be-

dienen. Das ist nur der Anfang. Die Überkapazitäten in der deutschen Stahlindustrie zwingen auch Krupp nun mehr und mehr zum sozialverträglichen Arbeitsplatzabbau. Verhalten zwar noch, aber diese Tendenz wird sich nie mehr ganz umkehren.

Im Jahr 1962 gibt es erste Hinweise, daß der Konzern finanziell zu schwach auf der Brust sein könnte. Englische Zeitungen, Krupp traditionell nicht wohlgesinnt, greifen dies begierig auf. Ein entscheidender Hinweisgeber kam aus dem eigenen Haus: Finanzdirektor Johannes Schröder, zum 30. Juni 1962 nach allerlei Querelen ausgeschieden, hatte kurz darauf das Forum des »Handelsblatts« genutzt, um scheinbar abstrakt auf die Kapitalprobleme eines Familienunternehmens hinzuweisen. Firmen ohne Berichtspflicht und ohne die damit verbundene Kontrolle der Öffentlichkeit, las man da, liefen ständig Gefahr, sich zu überheben. Natürlich war jedem klar, daß er Krupp meinte. Ein Racheakt, keine Frage, vor allem gegen Beitz gerichtet. Doch aus der Luft gegriffen sind die Bedenken eben auch nicht.

Pflichterfüllung ohne große Begeisterung: Arndt von Bohlen und Halbach bei einer Jubilarehrung, Anfang der sechziger Jahre.

173

Problem Produktpalette

Krupp war seit jeher ein sozial eingestelles Unternehmen. Zu sozial, sagen manche, die mit Sorge sehen, daß vor schmerzlichen, aber offenbar erforderlichen Schnitten zurückgeschreckt wird. Beitz und das Direktorium stoßen immer dann auf energischen Widerstand des Alleininhabers, wenn sie vorschlagen, unrentable Unternehmensteile stillzulegen. Der Erhalt der Arbeitsplätze geht vor. Die ungeheuer breite Produktpalette, eigentlich Krupps ganzer Stolz, er-

Krupp-Produkte sind wieder gefragt in aller Welt: Stützwalze mit gehärtetem Chromstahlmantel.

weist sich mehr und mehr als Problem. Die kleinen Serien binden sehr viel Kapital, ohne daß sie ausreichend Gewinn abwürfen. Schließlich sind da noch die von Beitz eingefädelten und weiter mit Elan betriebenen Ostgeschäfte, welche die Firma meist vorfinanzieren muß. All das zehrt an den Eigenmitteln, die sich bei Krupp nur durch Erlöse vermehren lassen, nicht durch die Ausgabe neuer Aktien. Man ist ja keine AG. »Auf der ganzen Welt gibt es keine Firma vergleichbarer Größe mehr, die einem einzelnen Menschen gehört«, schreibt der »Spiegel« mit tadelndem Unterton. Sollte Krupps große Stärke, die unmittelbare Verantwortung des Eigentümers, gleichzeitig eine große Schwäche sein?

Mit der Ausfuhr-Kredit-Gesellschaft mbH (Aka) hat die Bundesbank gemeinsam mit vierundfünfzig Banken der Bundesrepublik ein Instrument geschaffen, das exportabhängigen Firmen die Kreditierung der Geschäfte erleichtern soll. Kaum ein Unternehmen ist darauf so angewiesen wie Krupp, und die Essener bedienen sich aus diesem Fonds reichlich. Zu reichlich, finden nun die Großbanken, die voller Mißtrauen das in ihren Augen anachronistische Eigentümerkonstrukt bei Krupp betrachten. Um die Jahreswende 1966/67 spitzen sich die Dinge zu. Krupp braucht eine weitere dreistellige Millionensumme aus dem Aka-Topf, um kurzfristige Verbindlichkeiten ablösen zu können. Nun sperren sich die Banken, und sie sind fest entschlossen, ein Exempel zu statuieren. Krupp soll gedemütigt werden. Nur über den Weg einer Bundesbürgschaft in Höhe von 300 Millionen und einer Landesbürgschaft von 150 Millionen Mark sind die Geldhäuser bereit, die lebenswichtige Kreditlinie zu verlängern. Sie wird gewährt.

Ein heilsamer Schock

Alfried Krupp hat sich dem Blitzlichtgewitter der Finanzkrise durch eine Reise nach Nordafrika entzogen. Beitz muß in Bonn antanzen, wo der »Fall Krupp« inzwischen ein Politikum geworden ist. Vor laufenden Fernsehkameras hat Finanzminister Karl Schiller (SPD) seinen großen Auftritt. »Im schneidigen Stil eines selbstgefälligen Staatsanwalts« (»Der Spiegel«) verkündet er seine Bedingungen. Krupp hat einen Verwaltungsrat einzurichten, der die Rechte und Pflichten eines Aufsichtsrats wahrnimmt, die Betriebe sind »durchgreifend« zu straffen, es soll Rationalisierungen geben, was offensichtlich auch die Einstellung unrentabler Produktionen einschließt; schließlich sind »unverzüglich Vorbereitungen« zu treffen, das Unternehmen in eine Kapitalgesellschaft umzuwandeln – gegebenenfalls über eine Stiftung, deren Voraussetzungen bereits geschaffen sind. Die Chefs der Deutschen und der Dresdner Bank, Hermann Josef

Vater und Sohn am Krupp-Stand der Hannover-Messe, 1960.

Abs und Werner Krüger, sowie Berthold Beitz hören dem Diktat zu. Das Bild, wie sie, an einem Tisch sitzend, ostentativ aneinander vorbeisehen, spricht Bände. Hier sind Wunden geschlagen worden, die lange nicht verheilen werden.

Über Beitz ergießt sich Schadenfreude. »Er hat in guten Zeiten Feinde gesammelt wie andere Leute Briefmarken«, merkt Diana Maria Friz an. Und die schlagen jetzt zurück. Aber: Die Bürgschaften werden nur in geringem Umfang in Anspruch genommen, und schon zwei Jahre später steht Krupp nach allerdings herben Einschnitten wieder gut da. Das hat Fragen provoziert. War es wirklich eine Krupp-Krise oder die Krise einiger Banken, die schlicht die Nerven verloren und möglicherweise auch ihre Macht demonstrieren wollten? Noch heute ist Beitz dieses Thema wichtig. Abs macht ihm 1993 zum achtzigsten Geburtstag vielleicht das schönste Geschenk, als er vor versammeltem Publikum sagt: »Es war keine Krise Krupp.« Vielmehr seien die Geldhäuser »nicht Herr der Lage« gewesen. Es hätte also nicht unbedingt so weit kommen müssen. Und doch scheint der Schock insoweit heilsam gewesen zu sein, als bei Krupp von nun an mehr Kostenbewußtsein einzieht.

Eine Geste, die nicht gespielt ist: Berthold Beitz ist für Arndt von Bohlen und Halbach ein väterlicher Freund.

Arndt verzichtet

Schon Anfang der sechziger Jahre war Alfried Krupp klargeworden, daß sein einziger Sohn Arndt weder den Willen noch die Fähigkeit hat, einen Weltkonzern zu leiten. Zwar läßt sich der scheu und sensibel wirkende junge Mann bei den jährlichen Jubilarehrungen in die Pflicht nehmen und ist auch sonst gelegentlich an der Seite seines Vaters zu sehen, doch geschieht dies »ohne Begeisterung«, schreibt Cousine Diana Maria Friz. Ihre These für Arndts Unlust: Eine Erziehung »in der strengen Obhut des Kruppschen Geistes und des Hügels« habe er eben entbehren müssen. Allerdings, so darf man annehmen, wäre die Kruppsche Familiengeschichte wohl ohnehin insgesamt glücklicher verlaufen, wenn es neben der Strenge etwas mehr Liebe und Zuwendung gegeben hätte.

Tatsache ist: Weil Arndt bei seiner Mutter und in Internaten aufwuchs, haben sich Vater und Sohn erst sehr spät überhaupt etwas besser kennengelernt. Doch sie finden nicht mehr zueinander – und das auch, weil die emotionale Ebene sicher nicht Alfrieds Stärke ist. Berthold Beitz hingegen hat zum jungen Bohlen einen guten Draht. »Arndt war ein kluger Kopf, ein begabter Junge, aber er hatte eben keine Lust zu arbeiten«, erinnerte er sich jüngst. Ursprünglich hatte Alfried testamentarisch Arndt auf den Pflichtteil gesetzt und seinen Bruder Berthold zum Erben bestimmt. Eine Lösung, die aber schon aus steuerlichen Gründen wieder verworfen wird. Nach langen Gesprächen erreicht der Generalbevollmächtigte schließlich im September 1966, daß Arndt auf sein Milliardenerbe verzichtet und sich mit einer jährlichen Apanage von zwei Millionen Mark zufriedengibt. Damit ist der Weg frei für die Gründung einer Stiftung, der Alfried sein gesamtes Vermögen übertragen will. Wenigstens der Erbverzicht trägt dem Sohn die väterliche Anerkennung ein: »Für seine verantwortungsbereite Einsicht möchte ich ihm vor aller Öffentlichkeit ausdrücklich danken«, sagt Alfried in jener denkwürdigen Jubilarehrung am 1. April 1967, in der er die Änderung der Rechtsform offiziell bekanntgibt. Es liegt so etwas wie Abschied in der Luft – und daß dies im doppelten Sinne zutreffen sollte, ahnt noch niemand. Nur Alfried Krupp selbst weiß vielleicht, wie es gesundheitlich um ihn steht.

Bei der Jubilarfeier am 1. April 1967 gibt Alfried Krupp von Bohlen und Halbach auf Villa Hügel offiziell bekannt, daß er sein privates und industrielles Eigentum in eine Stiftung überführen wird. Wie immer bei Krupp im perfekten äußeren Rahmen.

Ein Kontrakt für die Ewigkeit?

Von Arndts Unterschrift hängt unglaublich viel ab. Nicht auszudenken, was aus dem gerade jetzt angeschlagenen Konzern geworden wäre, hätte er sich anders entschieden. Mit der Stiftung aber hofft Alfried, die Einheit des Unternehmens wahren und es vor der alleinigen Dominanz privater Kapitalinteressen schützen zu können – so wie es der Kruppschen Tradition entspricht. Die Erlöse, die Krupp in Zukunft über die erforderlichen Rücklagen hinaus erwirtschaftet, sollen gemeinnützigen, »philanthropischen« Zwecken zufließen. Theoretisch ist das Stiftungskonstrukt für die Ewigkeit gedacht. Der Historiker Lothar

Gelöst und locker wie sonst nur selten: Alfried Krupp von Bohlen und Halbach 1966 auf seiner Segeljacht »Germania VI«.

178

Gall brachte es vor einiger Zeit bei einem Festvortrag so auf den Punkt: »Die Firma sollte gleichsam sich selbst gehören.«

Klar ist damit allerdings auch, daß mit Alfrieds Tod die mehr als hundertfünfzig Jahre alte Familientradition der »Alleininhaber« enden wird. Nicht nur er selbst dürfte dies als schmerzlich empfunden haben. Auch viele Kruppianer, der Firma wie der Familie nicht selten in echter Zuneigung verbunden, reagieren verstört. Entrüstung macht sich an Arndt von Bohlens Jet-set-Lebenswandel fest, den die Regenbogenpresse genüßlich in allen Einzelheiten auftischt. Mitte der sechziger Jahre ist das Arbeitsethos noch ein anderes als heutzutage. Für manchen rechtschaffen arbeitenden Kruppianer ist es unfaßbar, daß sich ausgerechnet »ein Krupp« lieber dem Müßiggang und den Jet-set-Freuden hingibt, statt im damals noch rußgeschwärzten Essen die Ärmel aufzukrempeln. »Playboy« heißt so jemand Ende der Sechziger, und in den Kruppschen Siedlungen ist das nicht schmeichelhaft gemeint.

Mit Alfried stirbt ein Mythos

Alfried Krupp ist müde geworden. Seine Neigung, sich aus den täglichen Geschäften zurückzuziehen, ist schon seit Jahren unübersehbar. Und er ist, was kaum jemand weiß, schwer krank. Der Mann, der zeitlebens ein starker Raucher war, leidet an Bronchialkrebs; eine Herzerkrankung kommt hinzu. Am Abend des 30. Juli 1967 verschlechtert sich plötzlich sein Zustand. Der in sein Privathaus gerufene Chefarzt des Kruppschen Krankenhauses kann ihm nicht mehr helfen. Der letzte Krupp ist tot. Zwei Wochen später wäre er sechzig Jahre alt geworden.

Die Anteilnahme gerade der »einfachen« Kruppianer ist überwältigend. Alfried Krupp war für viele, besonders für die Älteren, wie eine Vaterfigur, ihrem Alltag zwar weit entrückt, dabei aber immer bescheiden auftretend. Er hatte wie alle Krupps nichts Leutseliges, nichts Volkstümliches an sich, obwohl sein Charisma beträchtlich war. Von seiner Unfähigkeit, anderen wirklich nahezukommen, von seiner großen inneren Einsamkeit war schon die Rede. Doch hatte wohl jeder die Erfahrung gemacht, daß man sich auf sein Wort verlassen konnte und daß die Kernsätze seiner letzten Jubilarrede, die sich wie ein Vermächtnis liest, keine Floskeln waren: »Sie, meine Jubilare, wissen, welch große Bedeutung die Sozialverpflichtung des Eigentums in der Geschichte meiner Familie und unserer Firma spielt. Für diesen Grundsatz hat unsere Firma heute wie in der Vergangenheit große Opfer gebracht. Und ich bekenne offen: Ich bin darauf stolz.« – Während der zwei Tage, in denen Alfrieds Sarg in der Villa Hügel aufgebahrt ist, nehmen Tausende persönlich Abschied. Viele schämen sich nicht ihrer Tränen, auch Berthold Beitz nicht.

Abschied von Alfried Krupp von Bohlen und Halbach, der am 30. Juli 1967 stirbt. Rechts Berthold Beitz am offenen Sarg in der Villa Hügel.

Die Freundschaft in formaler Distanz – die beiden Männer waren stets beim »Sie« geblieben – ist durch Alfrieds Tod beendet worden, nicht aber Beitz' starke Stellung bei Krupp, auch wenn es zunächst so aussehen mag. Denn die Finanzkrise 1967 hat ihn seiner, man darf sagen, einzigartigen Machtposition vorerst enthoben. »Manager-Mythos – jäh entzaubert«, titelt die »Zeit«. Zwar ist Beitz, wie es Alfried wünschte, einer der drei Testamentsvollstrecker, zwar steht er, wichtiger noch, an der Spitze des Stiftungskuratoriums, doch solange die Banken bei Krupp das Sagen haben, bedeutet dies nicht viel. Da alle Gewinne auf absehbare Zeit der Schuldentilgung und der Stärkung des Eigenkapitals dienen, gibt es für die Stiftung zunächst auch wenig zu verteilen. Erst später soll sich zeigen, daß an dem Bonmot viel Wahres dran ist, wonach Alfrieds Testament aus Beitz einen Krupp gemacht hat.

Es weht ein schärferer Wind

Während die Eigentümeranteile am 1. Januar 1968 auf die Stiftung übergehen, ändert sich die Rechtsform der Firma in eine GmbH – auch dies noch ungewöhnlich genug für einen Konzern dieser Größe. Abs übernimmt den Aufsichtsratsvorsitz, der starke Mann an der Altendorfer Straße aber ist Günter Vogelsang, der von Mannesmann zu Krupp wechselt, früher aber bereits bei Krupp gearbeitet hat und von Beitz früh gefördert worden ist. »Ich habe in meinem Leben schon schönere Bilanzen gesehen« – so unterkühlt kommentiert der erste Vorstandsvorsitzende die Eröffnungsbilanz der neuen »Fried. Krupp GmbH«.

Im Turmhaus, der alten Verwaltungszentrale, weht bald ein schärferer Wind. Wurden unter Alfrieds Ägide nicht zuletzt aus sozialen Gründen auch unrentable Betriebe mit durchgezogen, ist der hoffnungslos defizitäre Lkw-Bau, die »Krawa«, jetzt nicht mehr zu retten. Die »großen Zwei«, nämlich Daimler-Benz und MAN, sind in dieser Sparte zu weit davongeeilt. 3200 Mitarbeiter produzieren und vermarkten zuletzt pro Jahr gerade mal 1500 Krupp-Lastwagen – klar, daß das so nicht mehr weitergeht. Einen Teil der Belegschaft übernimmt Daimler-Benz; der Rest geht in Frühpension oder wechselt innerhalb des Konzerns. Es wird dennoch demonstriert und sogar gestreikt in Essen; als Kruppianer ist man soviel Marktwirtschaft eben nicht gewohnt.

In diesem Stil geht es weiter, behutsam zwar, um die Mitarbeiter und die Gewerkschaften nicht über die Maßen zu verschrecken, aber eben doch so konsequent wie irgend möglich. Zuviel hat sich bei Krupp angesammelt, das mit dem Kerngeschäft nichts zu tun hat und über das die Zeit hinweggegangen ist, etwa die Baubetriebe und der gute alte »Konsum«, der an co-op verkauft wird. Ein Problem ist auch, daß es ein und dieselben Fabrikationen – etwa Gießerei, Maschinen- und Anlagenbau – im Konzern gleich mehrmals gibt, was unter Kostenaspekten natürlich ungünstig ist. Nicht alles läßt sich jedoch sofort lösen.

181

Scheinbar
unerwartet
begegnen sich
die Ehepaare
Beitz und Brandt
beim Presseball in
Bonn.

Die Umsätze stimmen, die Gewinne nicht

Straffung und Umstrukturierung und nicht zuletzt die ab 1969 für einige Jahre einsetzende Hochkonjunktur helfen aus dem Tal heraus. Krupp verdient wieder gutes Geld. In dem Maße, wie das Unternehmen die Abhängigkeit von den Banken verringern kann, findet Beitz zu alter Stärke zurück. 1970 übernimmt er den Vorsitz im Aufsichtsrat, und er ist offensichtlich nicht damit zufrieden, sich nur alle paar Monate Bilanzen vorlegen zu lassen. Die »Zeit« mutmaßt, schon bald werde es »krachen«, da Vogelsang nicht der Typ sei, der sich in die Geschäfte hineinregieren lasse. »Das Revier verfolgt mit Spannung, welchen Kurs die beiden Männer steuern werden«, merkt das Wochenblatt an. 1972 schlägt Vogelsang – man darf vermuten, nach manchen Querelen – die ihm angebotene Vertragsverlängerung aus und geht. Ein herber Verlust, denn nichts braucht Krupp eigentlich mehr als Ruhe und Beständigkeit im Management.

Auf Vogelsang folgt AG-Weser-Chef Jürgen Krackow, der nur sechs Wochen braucht, um sich mit Beitz und dem Aufsichtsrat wegen strittiger Personalangelegenheiten zu verkrachen und das

Handtuch zu werfen. Der vielleicht kürzeste Vorstandsvorsitz in der deutschen Wirtschaftsgeschichte trägt Krupp nicht wenig Spott und Kopfschütteln ein. Auch der ehemalige Thyssen-Manager Ernst Wolf Mommsen, der Krackow beerbt, kann schon wegen seines Alters von zweiundsechzig Jahren eigentlich nur eine Übergangslösung sein. 1975 gibt er den Stab an Heinz Petry weiter, einen alten Kruppianer aus Rheinhausen. Auch Petry wird nur viereinhalb Jahre bleiben und vor Ablauf seiner Amtszeit ausscheiden. Beitz hat später selbst eingeräumt, daß er in dieser Phase kein sehr glückliches Händchen bei der Besetzung der Top-Position hatte.

Es ist allerdings, zugegeben, in den siebziger Jahren auch ein schwieriges Unterfangen, einen Konzern zu leiten, dessen Wertschöpfung immer noch zur Hälfte vom Stahl abhängt. Der Edelstahlbereich bereitet durchaus meist Freude, doch besonders der Massenstahl steckt in einer tiefen Krise, deren Gründe in den riesigen Überkapazitäten und der umstrittenen Subventionspolitik in anderen europäischen Ländern zu suchen sind. Im besten Fall erreicht man ein Auf und Ab. Auf ein Jahr mit halbwegs befriedigendem Ergebnis folgt beinahe sicher eines, in dem bei der Tochter Krupp Hüttenwerke AG in Bochum tiefrote Zahlen geschrieben werden. Beim Anlagenbau muß sich Krupp international mit harter Konkurrenz herumschlagen, was entsprechend

Der von Krupp entwickelte Torpedo-pfannenwagen transportiert Roheisen von der Rheinhausener Hütte zum Bochumer Stahlwerk.

183

niedrige Preise zur Folge hat. Der Schiffbau ist ohnehin ein Dauer-problem, und die sonstige Weiterverarbeitung sowie der Handel sind auch nicht so gewinnträchtig, daß diese Bereiche die Verluste vergessen machen können. Es ist das alte Dilemma: Die Umsätze stimmen, nur die Gewinne lassen zu wünschen übrig. In einem Interview mit dem »Handelsblatt« räumt Beitz 1973 ein, »daß die Fried. Krupp GmbH immer noch unterkapitalisiert ist«.

Trotz Hilfe aus dem »Morgenland«: Probleme bleiben

Im Jahr darauf macht der Aufsichtsratsvorsitzende mit einem Paukenschlag deutlich, wie er die Kapitalbasis zu verbreitern ge-denkt. Spätestens seit der ersten »Ölkrise« im Jahre 1973 stellt die deutsche Wirtschaft Überlegungen an, wie sich der neue Reichtum der OPEC-Staaten anzapfen ließe. Krupp hat die Nase vorn, und das vor allem, weil Berthold Beitz einmal mehr seine große Stärke ausspielt: Kontakte anbahnen und vertiefen. Zwischen ihm und Reza Pahlevi, dem Schah von Persien, stimmt die berühmte Chemie. Das Ergebnis der vertraulichen Verhandlungen ist eine 25,01-Prozent-Beteiligung des iranischen Staates zunächst an der Fried. Krupp Hüttenwerke AG, 1976 am Gesamtkonzern. Sie spült insgesamt 1,4 Milliarden Mark bares Geld in die Kasse. Zwar hätte der Schah zweifellos eine renditeträchtigere Anlagemöglichkeit in Deutschland finden können, offenbar aber keine in seinen Ohren klangvollere. Wieder einmal ein Beweis, daß der Name Krupp – zumal außerhalb Europas – nichts von seiner Symbolkraft verloren hat. Für die Firma ist das ein Glücksfall, denn die Finanzspritze wird man noch bitter brauchen können, um künf-tige Krisen zu überstehen. Im nachhinein fragt man sich, wie es wohl ohne dieses Geld gegangen wäre. Das Unbehagen einiger Traditionalisten, die es nicht fassen können, daß Krupp sich an das »Morgenland« verkauft, ist demgegenüber zu verschmerzen.

Die Strukturprobleme lösen die Petro-Dollars selbstverständ-lich nicht, im Gegenteil: Sie wiegen manchen vielleicht eher in eine trügerische Sicherheit. 1978 muß Petry bei der Jubilarfeier konstatieren, Krupp befinde sich in einer ähnlich schwierigen Lage wie 1927, wozu hohe Lohnkosten und Überkapazitäten beitrügen. Deutlich wird: Solange die Stahl- und in zweiter Linie die Werften-Probleme nicht grundsätzlich gelöst sind, kann es Krupp einfach nicht nachhaltig gutgehen, da hier immer wieder die Gewinne versickern. Der 1980 vollzogene Wechsel im Vorstandsvorsitz von Petry zu Wilhelm Scheider ändert an dieser Lage nichts. Wenig später kursieren erste Überlegungen, die Stahl-Töchter von Thyssen und Krupp zusammenzulegen. Doch dazu kommt es nicht – noch nicht. Bald aber kann sich niemand, der

in Deutschland Stahl produziert, der Einsicht entziehen, daß umfangreiche Zusammenarbeit, begleitet von unvermeidlichen Stillegungen, das fruchtlose Lavieren ablösen muß. Am wenigsten kann dies Krupp.

Rheinhausen: Symbol eines unaufhaltsamen Prozesses

Vor dem Hintergrund dieser Entwicklung ist es kein Zufall, daß der längste, härteste, medienwirksamste Kampf um Sein oder Nichtsein eines Stahlwerks wieder mit dem Namen der Essener Traditionsfirma verbunden ist. Der Plan, das Hüttenwerk Rheinhausen stillzulegen, der Ende 1987 durchsickert, ist der Versuch, den gordischen Knoten endlich durchzuhauen. Aber da sind fünftausend Menschen und ihre Familienangehörigen, und die umtreibt vor allem eines: Angst – Angst um den Arbeitsplatz, Angst vor sozialem Abstieg. Die kühlen Berechnungen der Betriebswirte, die die wirtschaftliche Vernunft auf ihrer Seite haben, vermögen dagegen nicht anzukommen. Da nützt es auch nichts, daß der Konzern zusagt, seine soziale Grund-

Arbeiter des Rheinhausener Hüttenwerks dringen 1987 in die Villa Hügel ein, um gegen die Schließung des Werks zu protestieren.

185

einstellung auch in diesem Fall nicht zu vergessen. Ein jahrelanges Tauziehen, das Sozialgeschichte schreiben wird, nimmt seinen Lauf.

Sicher, im Revier wird seit bald dreißig Jahren immerzu stillgelegt, doch einen solchen Fall hat es bis dato noch nicht gegeben. Die große Zahl der Betroffenen, die Monostruktur in Rheinhausen, manche Ungeschicklichkeit, die Allgegenwart des Fernsehens, das, gewollt oder nicht, die Emotionen aufpeitscht – all dies ist zu nennen. Diana Maria Friz hat noch eine andere These: »Für fünf Generationen von Kruppianern war dieser Name gleichbedeutend gewesen mit Sicherheit, Geborgenheit und einem Zusammengehörigkeitsgefühl zwischen Unternehmern und Mitarbeitern.« Wenn dies tatsächlich bei den Älteren noch eine Rolle gespielt haben sollte, so ist es nun damit ganz offenkundig vorbei. Das aus tiefer Enttäuschung geborene Gefühl von Wut und Ohnmacht konzentriert sich auf Gerhard Cromme, dem seit 1986 amtierenden Vorstandsvorsitzenden von Krupp Stahl. Er wird nicht müde, immer wieder zu erklären, weshalb es nicht anders geht, weshalb der Dreierbund zwischen Krupp Stahl, Thyssen Stahl und Mannesmannröhren-Werke die besten Perspektiven für alle bietet. Doch scheint seine Sachlichkeit eher noch provozierend zu wirken. Hie die Schurken, da das runde Dutzend Volkshelden, vom Pfarrer bis zum Betriebsratsvorsitzenden – so einfach ist in jenen turbulenten Wochen die Rheinhausener Welt. Nicht einmal vor Mahnwachen, die vor Crommes Privathaus aufziehen, schrecken Gewerkschaft und Betriebsrat zurück. Beiden Organisationen droht das Geschehen allerdings ohnehin mehr und mehr aus der Hand zu gleiten. Niemand, auch nicht die Politik, kann es ungestraft wagen, für Vernunft einzutreten. Mancher kramt gar die Forderung nach Verstaatlichung der Stahlindustrie aus der Mottenkiste.

In dieser Situation wird selbst die ehrwürdige Villa Hügel zur Demo-Kulisse. Als dort am 9. Dezember 1987 der Aufsichtsrat unter dem Vorsitz von Berthold Beitz tagt, drücken Hunderte Arbeiter den Werkschutz zur Seite und dringen – zahlreiche Journalisten im Schlepptau – in die untere Halle ein. Dort herrscht angesichts des riesigen Raumes mit den respektheischenden Ölgemälden der Familie erst einmal Schweigen, bevor jemand mit den Worten: »Und dafür haben wir geschuftet« die Stille bricht. Schon vieles hatte der Hügel gesehen, den unangemeldeten Besuch zorniger Kruppianer jedoch noch nicht. Aber es bleibt alles heil.

Die Hoffnung, Berthold Beitz würde die Dinge noch einmal wenden, erfüllt sich jedenfalls nicht. Cromme hat sein Vertrauen, und das ist bei Krupp immer noch das wichtigste. »Was hätte Alfried an meiner Stelle getan?« hat Beitz sich nach eigenem Bekunden in Krisensituationen oft gefragt. Doch Alfried Krupp gehört in eine andere Zeit. Er kam zu Lebzeiten gerade noch darum herum, Werke aufgeben zu müssen. Rheinhausen, die Gründung seines Großvaters, zu schließen, hätte außerhalb seiner Vorstellungskraft gelegen. Manche sagen, genau dieses Verharren in der Vergangenheit sei das Problem. »Von allen großen Traditionskonzernen an Rhein und Ruhr war Krupp am tiefsten und längsten in dem Bewußtsein befangen, neue anstehende Probleme mit den herkömmlichen Methoden, das heißt halbherzig, lösen zu können.« Soweit Heiner Radzio, einer der besten Revier-Kenner, der im »Handelsblatt« die Firmenpolitik oft unbarmherzig schonungslos analysierte.

Krupp als Lebensaufgabe: Berthold Beitz, Kuratoriumsvorsitzender der Stiftung und Ehrenvorsitzender des Aufsichtsrats.

Bevor rund um Krupp die gewiß ersehnte Ruhe einkehren kann, sind noch ein paar harte und turbulente Jahre zu überstehen. Geht Scheider? Geht Beitz? Verkaufen die Iraner ihre Anteile – und wenn ja, an wen? Das sind die immer wieder anders variierten Fragen, mit denen die Wirtschaftsredaktionen 1988 das Publikum fast mehr unterhalten als informieren. Dann ist da der peinliche Prozeß gegen die ehemaligen Top-Manager von Krupp Stahl, Werner Resch und Alfons Gödde, denen Untreue und Unterschlagung vorgeworfen und nachgewiesen wird. Kein Geheimnis bleibt auch, daß Thyssen-Chef Spethmann bei Beitz anklopft und für zwei Milliarden Mark plus 5 Prozent der Thyssen-Aktien die Komplettübernahme des Krupp-Konzerns anbietet. Beitz' Entgegnung wird so kolportiert: »Herr Spethmann, Sie müssen sich das Testament angucken. Ich kann nicht verkaufen und werde es auch nie tun.« Verkaufen nicht, fusionieren aber schon, wie die Zukunft zeigt. Denn auch Alfried kann nicht gewollt haben, daß sich Krupp strategischen Neuorientierungen verweigert, falls nur so das Überleben zu sichern ist.

Disharmonien

1989 legt Beitz den Aufsichtsratsvorsitz nieder, wird zugleich Ehrenvorsitzender des Aufsichtsrats und widmet sich von nun an noch stärker seiner Funktion in der Stiftung. Aus den bescheidenen Anfängen, in denen die geringen Überschüsse oder gar Verluste des Konzerns nur ebenso geringe Zuweisungen an den Eigentümer erlaubten, ist eine der wichtigsten Industriestiftungen der Republik geworden. Rund 300 Millionen Mark hat man bis zu diesem Zeitpunkt ausgegeben, und zwar für wissenschaftliche Forschung, für Erziehung und Bildung, für Literatur, Musik und bildende Kunst, für den Sport und das Gesundheitswesen. Hier ist das moderne Alfried-Krupp-Krankenhaus in Essen-Rüttenscheid an erster Stelle zu nennen. Kritiker wie Diana Maria Friz monieren allerdings, Krupp hätte dieses Geld oft nur unter Schmerzen entbehren können, und deshalb wäre es angebracht gewesen, wenn sich Beitz zumindest in den finanziell kritischen Jahren auf das absolute Minimum beschränkt hätte. Richtig ist sicherlich, daß Berthold Beitz auch in diesem Punkt das Vermächtnis Alfrieds immer sehr ernst genommen hat. Und das sieht nun mal vor, die Firmenerlöse, soweit vertretbar, für die berühmten »philanthropischen« Zwecke zu verwenden.

Aber der Konflikt zwischen Alfrieds Nichte und dem Kuratoriumsvorsitzenden sitzt sehr viel tiefer. Seit jeher herrschte eine gewisse Grundspannung zwischen der Familie von Bohlen und Halbach auf der einen und Beitz auf der anderen Seite. Frau Friz selbst räumt ein, daß dem jungen Generalbevollmächtigten anfangs eigentlich nur Alfrieds Mutter Bertha und seine Tante Barbara freundlich begegneten. Vor allem die Brüder Berthold und Harald hatten sich jedoch immer ein wenig zurückgesetzt gefühlt, zumal ihnen der Alleininhaber unmißverständlich zu verstehen gab, er wünsche über das rein Repräsentative hinaus keine Beteiligung der Familie an den Firmengeschäften. Alfrieds verschlossenes Wesen tat ein übriges. All das hat Wunden hinterlassen, und auch die Tatsache, daß im Rahmen des Mehlemer Abkommens den Geschwistern erhebliche Mittel zuflossen, die sie teils zum Aufbau eigener, gut florierender Unternehmen nutzten, konnte diese Wunden nicht schließen. Im Gegenteil: Als Alfried starb, mochten sie sich insgeheim für die eigentlich berufenen Nachfolger gehalten haben – qua Herkunft und Fähigkeiten.

Da aber war das Testament vor, und das sicherte eben Beitz die starke Stellung. Es lag in der Natur der Sache, daß der schwelende Unmut nur größer wurde, als er diese auch einnahm. Beitz, ebenfalls gekränkt und mit einem langen Gedächtnis ausgestattet, tat seinerseits wenig, um die Wogen zu glätten. Sätze wie: »Es gibt keine Familie Krupp mehr« oder: »Ich bin der letzte, der den Namen Krupp hochhält« konnten die Verbitterung nur steigern. Doch erst die Söhne von Berthold und Harald, Eckbert und Friedrich von Bohlen, forderten kategorisch, im sieben-, später neunköpfigen Kuratorium der Stiftung müsse die Familie vertreten sein. Als sie bei Beitz damit auf Granit bissen, strengten sie ein Gerichtsverfahren an, das für erhebliches Aufsehen sorgte, ihnen jedoch bisher keinen Erfolg brachte. Beitz' Einwand, Alfried habe Sitz und Stimme für die Familie ausdrücklich nicht gewollt und dies in seinem Letzten Willen schriftlich festgelegt, fanden auch die Richter überzeugend.

Ein »Plattmacher« mit Weitblick

Zurück ins Jahr 1989. Manfred Lennings, der frühere Vorstandsvorsitzende der GHH-Gruppe, folgt Beitz als Aufsichtsratsvorsit-

Ernste Gesichter, wie so oft bei Krupp in den vergangenen zehn Jahren: Vorstandsvorsitzender Gerhard Cromme bei einer Protestversammlung der Widia-Belegschaft 1993 in Essen.

zender nach. Und an die Spitze des Unternehmens tritt der Mann, der in Rheinhausen bewiesen hat, daß er konziliant im Ton, aber hart in der Sache auch Unangenehmes umzusetzen versteht: Gerhard Cromme.

Es gibt noch viel zu tun für den »Plattmacher«, wie ihn die Stahlarbeiter wenig respektvoll nennen. Denn die Reduzierung der Überkapazitäten beim Stahl, also die Konzentration auf wenige Standorte, ist nur der erste Schritt. Cromme ist der festen Überzeugung, daß Krupp, ja, daß die gesamte deutsche Stahlindustrie nur im Verbund eine gedeihliche Zukunft hat, und er kann davon auch Beitz, den Hüter des Kruppschen Erbes, überzeugen. Als erstes hat er ein Auge auf Hoesch geworfen. Die Hoesch AG hat eine völlig andere Eigentümerstruktur als Krupp: viel Streubesitz, einige große Aktienpakete im Besitz der Banken. 1991 gelingt es Cromme mit Hilfe befreundeter Geldhäuser, still und heimlich die Mehrheit zu erwerben – eine klassische »feindliche Übernahme«, die in Dortmund, wo Hoesch seit hundertzwanzig Jahren verwurzelt ist, begreiflicherweise nicht auf Begeisterung stößt. Die »Hoeschianer« sind im Westfälischen eine Kaste für sich, ähnlich wie es die Kruppianer in Essen waren: mindestens ebenso selbstbewußt, dabei um einiges aufmüpfiger und stark gewerkschaftlich orientiert. Belegschaft und Vorstand ziehen zunächst an einem Strang, um die Übernahme abzuwenden. Man hält sich für stark genug, alleine im globalen Markt zu bestehen, und die Geschäftsergebnisse können sich in der Tat sehen lassen. Sie sind, gemessen am Umsatz, günstiger als bei Krupp.

Aber Cromme zwingt mit der Bankenmacht im Rücken die Fusion herbei und kann nach langem Hin und Her Anfang Januar 1993 einen symbolischen Schlußstein setzen: Die Aktie der neuen »Fried. Krupp AG Hoesch Krupp« wird erstmals gehandelt – 182 Jahre nach der Gründung ist Krupp auf dem Börsenparkett angekommen, dort also, wo Alfred Krupp nie hinwollte. »Es warten keine Aktionärs auf die Dividende«, hatte der eigentliche Erbauer der Gußstahlfabrik einst stolz in einem Brief geschrieben und dies als unbedingten Vorteil angesehen. Nun warten sie doch, allerdings vorerst vergeblich.

Denn wie recht Cromme hatte, als er schwere Zeiten prophezeite, die nur gemeinsam und mit harten Einschnitten zu bewältigen sein würden, zeigen die Geschäftsjahre 1992 und 1993, die das neue Unternehmen mit einem Gesamtverlust von 250 und 540 Millionen Mark abschließt. Einhergehend sinkt die Zahl der Mitarbeiter nicht nur, sie ist im freien Fall: allein zwischen diesen beiden Geschäftsjahren von 88.000 auf 78.000. Die Stahlindustrie insgesamt kämpft ums nackte

Das Denkmal von Alfred Krupp steht immer noch an der Marktkirche in der Essener Innenstadt, allerdings an unauffälligerer Stelle als vor 1945.

Überleben. An einer völligen Umstrukturierung, an der Konzentration auf wenige Geschäftsfelder führt für die Friedr. Krupp AG Hoesch Krupp offensichtlich kein Weg vorbei. Hätte es nicht die Fusion gegeben – beide Alt-Konzerne würden noch viel schlechter dastehen.

Nach der Umstrukturierung: Krupp hat ein anderes Gesicht

Hatte die Hochkonjunktur in den Jahren vor und nach der Wiedervereinigung dem Hüttenwerk Rheinhausen noch eine Gnadenfrist im Einofenbetrieb beschert, so ist im Februar 1993 endgültig Schluß – fast hundert Jahre nachdem die Hochöfen angeblasen worden sind. Ein schwerer Augenblick für Rheinhausen, gedämpft nur durch die jahrelange Gewöhnung an das bevorstehende Aus. Auch andere einstige »Perlen« wechseln jetzt die Besitzer, weil sie nicht mehr in die Struktur passen: etwa die so traditionsreiche Widia, etwa die Verkehrstechnik, wo einige Jahre zuvor die Triebköpfe der ICE-Lokomotiven gefertigt wurden – um nur einige Beispiele aus Essen zu nennen. Am Ende der Umstrukturierung wird sich Krupp von fünfundachtzig Geschäftsfeldern getrennt haben – der Markt läßt keinen Raum mehr für Sentimentalitäten. In Essen, der alten Krupp-Stadt, verdienen nach der Roßkur gerade noch fünftausend Beschäftigte im Zeichen der »drei Ringe« ihr Geld, davon ganze fünfzehnhundert im gewerblichen Bereich.

Cromme glaubt an die Zukunft des neuen Unternehmens – und die Börsen auch. 1994 kommt die Wende, sowohl beim Aktienkurs als auch beim Jahresüberschuß, der mit 40 Millionen Mark zunächst noch bescheiden bleibt. Ein Jahr später dann der Durchbruch: Der Konzern erzielt einen Überschuß von mehr als 500 Millionen Mark. Ein Ergebnis, das es erstmals erlaubt, eine Dividende von fünf Mark je Aktie auszuzahlen. Vom »Wunder an der Ruhr« spricht das »Handelsblatt«. Besonders florieren die Edelstahl-Flachprodukte, die immer noch unter dem 1912 kreierten Namen »Nirosta« vermarktet werden. Krupp ist hier – mit Thyssen in diesem Fall als Juniorpartner – zum Weltmarktführer aufgestiegen.

Das Jahr 1997 ist für Krupp noch einmal ausgesprochen ereignisreich. Zum 1. April wird die Stahlehe mit Thyssen wirksam – lange war sie im Schwange, doch zuletzt ist alles ganz einfach, weil die Synergieeffekte auf der Hand liegen. Dann setzt es für Cromme Schlagzeilen und faule Eier bei heftigen Demonstrationen wegen des Versuchs, nach dem Muster Hoesch auch den Thyssen-Konzern zu übernehmen. Dem Scheitern folgt die gütliche Einigung: Man will friedlich fusionieren, um den globalen Herausforderungen auch künftig gewachsen zu sein. Schließlich kann Cromme das Ende des Gesundschrumpfens mit dem »qualitativ besten« Geschäftsergebnis nach dem Krieg krönen. Qualitativ deshalb, weil das Ergebnis in den fünf Sparten Maschinenbau und Verarbeitung, Anlagenbau, Autoteile, Edelstahl und Handel zwar geringfügig unter dem zwei Jahre zuvor registrierten Rekord rangiert, dafür aber auf einer sehr viel breiteren Grundlage steht.

Ein »normales« Unternehmen

Krupp hat die Krise überstanden, kein Zweifel, doch würden alte Kruppianer ihre Firma nicht mehr wiedererkennen. Krupp ist ein normales, dafür gesundes Unternehmen geworden. Der Mythos ist Geschichte, symbolisiert vor allem in der Villa Hügel, dann in vorbildlichen Wohnsiedlungen, schließlich in einigen Denkmälern, die es verschämt da und dort in Essen und anderswo gibt. Die »Alfried Krupp von Bohlen und Halbach-Stiftung«, die nach dem Willen des Gründers die »Einheit« der Firma wahren soll, bleibt zwar auch nach dem Zusammengehen mit Thyssen der größte Einzelaktionär, doch verliert sie ihre beherrschende Stellung. Ein Rückgang in Raten: von 100 Prozent Anteil (1968) über 74,9 Prozent (1976) auf 52 Prozent (1992) und demnächst wohl auf 17 Prozent. Berthold Beitz nimmt das in Kauf, obwohl es ihm nicht leichtgefallen sein kann. Es gab keine andere Wahl, denn der Preis wäre aller Wahrscheinlichkeit nach das Verschwinden von der Bildfläche gewesen. Wer hätte das wollen können? Alfried Krupp, dessen Andenken Berthold Beitz bis auf den heutigen Tag hochhält, gewiß nicht.

Für unentbehrliche Hilfe bei der Materialbeschaffung, für manchen nützlichen Hinweis sowie für die kritische und zeitaufwendige Durchsicht des Manuskripts danke ich der Leiterin des Historischen Archivs Krupp, Dr. Renate Köhne-Lindenlaub, sowie Herrn Dr. Jens Hohensee. Der Wirtschaftspublizist Heiner Radzio und der Historiker Dr. Ernst Schmidt öffneten mir bereitwillig ihre Archive, wofür ich ihnen dankbar bin. Prof. Dr. h. c. Berthold Beitz gilt der Dank für ein interessantes Gespräch. Herwig Müther vom Krupp-Archiv sowie die Mitarbeiter von Ruhrlandmuseum, Stadtbildstelle Essen und Stadtarchiv Essen halfen bei der Suche nach passenden Fotos. Ulrike Vetter steuerte stilistische Verbesserungen bei. Schließlich darf Frank Vinken nicht vergessen werden, ohne dessen Hilfsbereitschaft manches Computerproblem nicht so glimpflich abgelaufen wäre.

195

Bajohr, Frank: Zwischen Krupp und Kommune –
Sozialdemokratie, Arbeiterschaft und Stadtverwaltung
in Essen vor dem 1. Weltkrieg,
Essen 1988

Beitz, Else: »Das wird gewaltig ziehen und Früchte tragen« –
Industriepädagogik in den Großbetrieben des
19. Jahrhunderts bis zum Ersten Weltkrieg,
dargestellt am Beispiel der Firma Krupp,
Essen 1994

Berdrow, Wilhelm (Hrsg): Alfred Krupps Briefe 1826 – 1887,
Berlin 1928

Boelcke, Willi A.: Deutsche Rüstung im Zweiten Weltkrieg,
Frankfurt am Main 1969

Boelcke, Willi A. (Hrsg): Krupp und die Hohenzollern in
Dokumenten, Frankfurt am Main 1970

Bongartz, Wolfram: Unternehmensleitung und Kostenkontrolle
in der Rheinischen Montanindustrie vor 1914,
in: Zeitschrift für Unternehmensgeschichte, 29. Jahrgang,
Heft 1 und 2, 1984

Bontrup, Heinz-J./Zdrowomyslaw, Norbert: Die deutsche
Rüstungsindustrie – vom Kaiserreich bis zur Bundesrepublik,
Heilbronn 1988

Buddensieg, Tilmann (Hrsg): Villa Hügel – Das Wohnhaus Krupp
in Essen, Berlin 1984

Burchardt, Lothar: Zwischen Kriegsgewinnen und Kriegskosten:
Krupp im Ersten Weltkrieg, in: Zeitschrift für
Unternehmensgeschichte, 32. Jahrgang, Heft 2/87, 1987

Calogeras, Roy C.: Die Krupp Dynastie – über die Wurzeln des
deutschen Nationalcharakters, o. O. 1987

Czichon, Eberhard: Wer verhalf Hitler zur Macht? – Zum Anteil der deutschen Industrie an der Zerstörung der Weimarer Republik, Köln 1967

Der Prozeß Krupp vor dem französischen Kriegsgericht, München 1923

»Der Spiegel«, Ausgaben Nr. 49/1955, 28/1959, 12/1967

Engelmann, Bernt: Krupp – Die Geschichte eines Hauses – Legenden und Wirklichkeit, o. O. 4. Auflage, 1986

Fried, Ferdinand: Krupp – Tradition und Aufgabe, Bad Godesberg 1956

Friz, Diana Maria: Die Stahlgiganten, korrigierte und erweiterte Auflage, o. O. 1990

Geyer, Michael: Zum Einfluß der nationalsozialistischen Rüstungspolitik auf das Ruhrgebiet, in: Rheinische Vierteljahresblätter, 45. Jahrgang, 1981

Geyer, Michael: Deutsche Rüstungspolitik 1860 – 1980, Frankfurt am Main 1984

Hansen, Ernst Willi: Reichswehr und Industrie 1923 – 1932, Boppard 1978

Herbert, Ulrich: Apartheit nebenan – Erinnerungen an die Fremdarbeiter im Ruhrgebiet, in: Lutz Niethammer (Hrsg): »Die Jahre weiß man nicht, wo man die heute hinsetzen soll« – Faschismuserfahrungen im Ruhrgebiet, Bonn 1983

Herbert, Ulrich: Vom Kruppianer zum Arbeitnehmer, in: Lutz Niethammer (Hrsg.): »Hinterher merkt man, daß es richtig war, daß es schiefgegangen ist« – Nachkriegserfahrungen im Ruhrgebiet, Bonn 1983

Herbert, Ulrich: Fremdarbeiter – Politik und Praxis des
»Ausländer-Einsatzes« in der Kriegswirtschaft des
Dritten Reiches, Bonn 1986

Herbert, Ulrich: Von Auschwitz nach Essen – Die Geschichte des
KZ-Außenlagers Humboldtstraße,
in: Jüdisches Leben in Essen 1800 – 1933, Essen 1993

Heuss, Theodor: 150 Jahre Krupp – Gedenkrede zu Essen
am 20. November 1961, Tübingen 1961

125 Jahre Krupp, Sonderheft, Essen 1936

Klass, Gert von: Die drei Ringe – Lebensgeschichte eines
Industrieunternehmens, Tübingen 1953

Klass, Gert von: Aus Schutt und Asche – Krupp nach fünf
Menschenaltern, Tübingen 1961

Köhne-Lindenlaub, Renate: Die Familie Krupp – 5 Unternehmer-
generationen 1811 – 1967, in: Neue Deutsche Biographie,
Berlin 1982

Kösters, Hans G.: Villa Hügel, Serie in der »Neuen Ruhr Zeitung«,
Essen 1978/79

Krupp 1812 – 1912 – Zum 100jährigen Bestehen der Firma Krupp
und der Gußstahlfabrik zu Essen, Jena 1912

Krupp Mitteilungen, Sonderausgabe 150 Jahre Fried. Krupp,
Essen 1961

Lindenlaub, Jürgen/Köhne-Lindenlaub, Renate: Unternehmens-
finanzierung bei Krupp 1811 – 1848, in: Beiträge zur
Geschichte von Stadt und Stift Essen, 102. Heft, 1988

Manchester, William: Krupp – Zwölf Generationen,
München 1968

Menne, Bernhard: Krupp – Deutschlands Kanonenkönige,
    Zürich 1937

Metzendorf, Rainer/Mikuscheit, Achim: Margarethenhöhe –
    Experiment und Leitbild, Essen 1997

Muehlon, Wilhelm: Ein Fremder im eigenen Land –
    Erinnerungen und Tagebuchaufzeichnungen eines
    Krupp-Direktors 1908 – 1914,
    Bremen 1989

Mühlen, Norbert: Die Krupps, Frankfurt am Main 1960

Neebe, Reinhard: Großindustrie, Staat und NSDAP,
    Göttingen 1981

Paul, Johann: Alfred Krupp und die Arbeiterbewegung,
    Düsseldorf 1987

Probst, Anke: Helene Amalie Krupp,
    in: Zeitschrift für Unternehmensgeschichte,
    Beiheft 33, 1985

Radzio, Heiner: Das Revier darf nicht sterben – Pioniere,
    Probleme und ein Plädoyer, Düsseldorf 1984

Reif, Heinz: »Ein seltener Kreis von Freunden« – Arbeitsprozesse
    und Arbeitserfahrungen bei Krupp 1840 – 1914,
    in: Klaus Tenfelde (Hrsg.): Arbeit und Arbeitserfahrung
    in der Geschichte, Göttingen 1986

Reusch, Ehrhard: Krupp und die Hohenzollern,
    in: Die Heimatstadt Essen – Jahrbuch 1980/81,
    Essen 1981

Reusch, Ehrhard: Die Fried. Krupp AG und der Aufbau der
    Reichswehr in den Jahren 1919 – 1922,
    in: Archiv und Wirtschaft, Jahrgang 13, Heft 3/1980

Sandkühler, Thomas: »Endlösung« in Galizien – Der Judenmord in Ostpolen und die Rettungsinitiativen von Berthold Beitz 1941 – 1944, Bonn 1996

Schmidt, Ernst: Lichter in der Finsternis – Widerstand und Verfolgung in Essen 1933 – 1945, Band 2, Essen 1988

Schröder, Ernst: Krupp – Geschichte einer Unternehmerfamilie, Göttingen, 3. Auflage 1984

Schütz, Erhard (Hrsg): Die Ruhrprovinz – das Land der Städte, Köln 1987

Schwerindustrie, Katalog des Landschaftsverbandes Rheinland, Rheinisches Industriemuseum Oberhausen, Schriften, Band 13

Seebold, Gustav-Hermann: Ein Stahlkonzern im Dritten Reich – Der Bochumer Verein 1927 – 1945, Wuppertal 1981

Stercken, Vera/Lahr, Reinhard: Erfolgsbeteiligung und Vermögensbildung der Arbeitnehmer bei Krupp, in: Zeitschrift für Unternehmensgeschichte, Beiheft 71, 1992

Taylor, Telford: Die Nürnberger Prozesse – Hintergründe, Analysen und Erkenntnisse aus heutiger Sicht, München 1994

Tenfelde, Klaus: Krupp – der Aufstieg eines deutschen Welt-konzerns, in: Klaus Tenfelde (Hrsg.): Bilder von Krupp – Fotografie und Geschichte im Industriezeitalter, München 1994

Turner, Henry A.: Faschismus und Kapitalismus in Deutschland, Göttingen 1972

Turner, Henry A.: Die Großunternehmen und der Aufstieg Hitlers, Berlin 1985

Wehler, Hans-Ulrich: Deutsche Gesellschaftsgeschichte, 3. Band, München 1995

Wellhöner, Volker: Großbanken und Großindustrie im Kaiserreich, Göttingen 1989

Wengenroth, Ulrich: Unternehmensstrategien und technischer Fortschritt – Die deutsche und die britische Stahlindustrie 1865 – 1895, Göttingen o. J.

Wiel, Paul: Wirtschaftsgeschichte des Ruhrgebiets, Essen 1970

Wilmowsky, Tilo Freiherr von: Rückblickend möchte ich sagen ..., Oldenburg 1961

Wilmowsky, Tilo Freiherr von: Warum wurde Krupp verurteilt? – Legende und Justizirrtum, Düsseldorf 1962

Wixforth, Harald: Banken und Schwerindustrie in der Weimarer Republik, Köln 1995

Wohlfahrtseinrichtungen der Gußstahlfabrik von Fried. Krupp, 3 Bände, Essen 1902

Historisches Archiv Krupp, Essen: Seite 13, 16, 19, 21, 26, 28, 29,
31, 33, 37, 40, 42, 44, 46, 51, 53, 55, 56, 59, 61, 63, 65,
66, 70, 71, 72, 74, 75, 76, 78, 80, 82, 86, 90, 92, 94, 100,
103, 105, 107, 110, 120, 147, 150, 153, 158, 167, 168,
172, 173, 174, 178

Archiv der NRZ (Neue Ruhr Zeitung), Essen: Seite 14, 35, 69, 79,
98, 117, 123, 126, 129, 133, 138, 161, 162, 164, 166, 175,
176, 180, 182, 183, 185, 187, 190, 191

NRZ-Archiv/Remo Tietz: Seite 187

Archiv Hans-Peter Pfeiffer, Essen: Seite 84

Stadtbildstelle Essen: Seite 58, 160

Fotoarchiv Ruhrlandmuseum, Essen: Seite 96, 115, 155

Ruhrlandmuseum Essen, Katalog der Ausstellung
»Bildberichte. Aus dem Ruhrgebiet der Nachkriegszeit«:
Seite 136, 142

Archiv Raimund Lorenz, Essen: Seite 152

Archiv für Kunst und Geschichte, Berlin: Seite 156